经济学学术前沿书系

WENHUA CHUANGYI CHANYE RONGHE FAZHAN YANJIU
-YI BEIJING WENCHUANG CHANYE WEILI

文化创意产业融合发展研究
——以北京文创产业为例

赵玉宏 著

经济日报出版社

图书在版编目（CIP）数据

文化创意产业融合发展研究：以北京文创产业为例 / 赵玉宏著. -- 北京：经济日报出版社，2017. 12

ISBN 978-7-5196-0266-6

Ⅰ. ①文… Ⅱ. ①赵… Ⅲ. ①文化产业-产业发展-研究-北京 Ⅳ. ①G127. 1

中国版本图书馆 CIP 数据核字（2017）第 305359 号

文化创意产业融合发展研究：以北京文创产业为例

作　者	赵玉宏
责任编辑	陈礼滟
校　对	徐建华
出版发行	经济日报出版社
社　址	北京市西城区白纸坊东街 2 号 A 座综合楼 710
邮政编码	100054
电　话	010-63567683（编辑部）
	010-63588446　63567692（发行部）
网　址	www. edpbook. com. cn
E-mail	edpbook@ 126. com
经　销	全国新华书店
印　刷	北京九州迅驰传媒文化有限公司
开　本	710×1000 毫米　1/16
印　张	9. 875
字　数	180 千字
版　次	2018 年 1 月第一版
印　次	2018 年 1 月第一次印刷
书　号	ISBN 978-7-5196-0266-6
定　价	48. 00 元

内容摘要

近年来，随着我国文化创意产业的快速发展，文化创意以及设计服务已经渗透并贯穿在各领域各行业，逐渐呈现出多向交互融合的态势。促进文化创意产业与其他实体经济深度融合，进一步推进我国文化创意产业发展，是调整经济结构和转变发展方式、发展创新型经济的重要途径；通过文化创意改变产品服务内容和质量、提升文化消费水平，是培育我国国民经济新的增长点、提升国家文化软实力和产业竞争力的重大举措。

在此背景下，本研究以北京市的文化创意产业为例，分析文化创意产业与其他产业之间的融合发展以及在国民经济中的关联、辐射作用。

全书共分六个部分：第一章为绪论，包括研究背景、研究意义、研究内容、研究方法及主要创新点和难点。第二章为文化创意产业融合理论研究的文献综述，是本研究主要的理论依据。第三章分析文化创意产业融合发展的动因及方式，分析指出技术创新、企业驱动和政府推动是文化创意产业融合发展的动因，这些因素促使文化创意产业进行技术融合、产品融合、市场融合和企业融合。这一部分的分析是为了针对北京市文化创意产业融合发展对策的提出提供依据，为本研究的对策提出部分做了理论上的铺垫。第四章是北京市文化创意产业融合发展的实证分析，利用 PEST 分析模型对北京市文化创意产业融合发展的政治法律环境、经济信息环境、社会人文环境以及技术产业环境进行详细分析，找出北京市文化创意产业融合发展的问题所在。同时，这一部分还将分析北京文化创意产业融合的类别，将文化创意产业与第一产业、第二产业及第三产业的其他行业融合进行分门别类的描述。第五章采取案例分析的方式对文化创意产业内部融合业态和外部融合业态进行个案分析，探讨适合北京市文化创意产业各门类的发展方式，论述涵盖了影视产业和旅游产业的内部融合以及旅游产业和农业的外部融合。第六章是结论及对策建议部分，对全书的结论进一步汇总、分析，进而从政府层面、社会层面和企业层面三个方面提出推动北京市文化创意产业融合发展的对策建议。

从政府层面上来讲，第一：积极探索“大部制”的融合型政府管理模式有利于政府提高行政效率、降低行政成本；第二：通过放松管制、创造宽松的制度条件和配套政策有利于进一步引导文化创意产业融合；第三：建立全面的人才体系，是文化创意产业融合发展和持续繁荣的关键；第四：促进北京文化创意产业集群化发展，有利于增强产业凝聚性，发挥规模经济效应；第五：推进北京文化创意产业国际化进程，制定国际化发展战略以促进北京文化创意产业与国际市场的融合。从社会层面来讲，文化创意产业融合的发展离不开非政府组织的参与，利用产业协会促进文化创意产业结构升级；通过文化创意产业联盟搭建文化产业融合平台，开展产业间合作、信息、投资及人才交流等服务。从企业层面来讲，为促进产业融合，可以通过产业渗透、产业延伸以及产业重组等方式来调整企业结构，完善产业价值链，实现文化创意产业的快速发展。

在产业融合的背景下，本研究首次运用“产业融合”理论系统地对文化创意产业发展问题进行探索性研究，以发达的北京市文化创意产业作为研究对象，进行文化创意产业融合发展研究，这不仅对文化产业的研究是一种创新，同时也大大拓宽了产业融合的研究视野。研究的实践意义体现在本研究着重分析了文化创意产业融合发展的动力机制，融合方式以及实现机制，并从宏观、中观、微观层面对北京市文化创意产业融合发展策略提出建议。这对文化创意企业以及政府相关文化创意产业政策的制定具有现实的指导意义，也为社会投资决策提供参考依据。

关键词：文化创意产业，产业融合，产业链延伸

Abstract

In recent years, with the accelerated development of China's cultural industry, cultural creativity and design services have been throughout all sectors of economic and social fields, showing a multi-directional and interactional fusion trend. To promote the development of cultural and creative industries, and encourage its depth integration with other entities, is major initiatives to cultivate new growth point of national economy and enhance national cultural soft power and industrial competitiveness, and is an important way to adjust the economic structure and change the developmental way.

This book takes Beijing cultural and creative industries as an example, to analyze the convergence of cultural and creative industries and other industries and its associational and radiation effect in the national economy.

This book is divided into six parts: The first chapter is an introduction, including research background, significance, research contents, research methods and major innovations and difficulties. The second chapter is literature review of theory of cultural and creative industries convergence, which is the theoretical basis for this paper. The third chapter analyzes the motives and manners of the convergence of cultural and creative industries, and points out that technological innovation, business -driven and government promotion are the motivation of the cultural and creative industries convergence, those factors have contributed to the cultural and creative industries to technology integration, product integration, market integration, and enterprise integration. This part of the analysis is to provide reasons for proposing the developing countermeasures for Beijing cultural and creative industries integration, as the theoretical groundwork for the part of the study countermeasures. The fourth chapter is the empirical analysis of the convergence of Beijing cultural and creative industries, using PEST analysis model to analyze the political environment, economic environment, social environment and technological environment of the integration of the development of Beijing cultural and creative industries, and finding out the problems of Beijing cultural and creative industries. At the same time, this part also explores the classification of convergence of Beijing cultural and creative industries, including its integration with the primary industry, secondary industry and other industries belonging to the tertiary industry. The fifth chapter is the case study, analyzing the internal integration and external integration manner for cultural and creative industries, discussing the suitable way for the various categories of Beijing cultural and creative industries. It includes the convergence of film and TV industry with tourism industry as the example of internal convergence, and the integration of tourism industry with agriculture industry as the external convergence. The sixth chapter is part of the conclusions and suggestions. By the further summary and analysis on the conclusions of the full text, it then put forward some suggestions from three perspectives to promote the integration of Beijing cultural and creative industries, i.e. from the government level, the social level and the corporate level.

Under the background of industrial convergence, this study is the first attempt to use "industrial convergence" theory to explore systematically the development of cultural and creative industries, taking Beijing cultural and creative industries developed as a research object, which is not only an innovative for the study of the cultural industry, but also greatly expanded the research horizons for the industrial convergence. Practical significance of the study is reflected in that this paper analyzes the dynamic mechanism, the methods and implementation mechanisms of the convergence of cultural and creative industries, and proposes some strategies from the macro, middle, and micro–level for the integration of Beijing Cultural and Creative Industries. This research has practical guiding significance for cultural and creative enterprises and government to make some related policies on cultural and creative industries, and can also provide reference for social investment decisions.

Keywords: Cultural and Creative Industries, Industrial Convergence, Industrial chain extension

目　录

第一章　绪论

一、研究背景

（一）信息技术发展加速文化创意产业融合

产业融合是信息经济时代社会经济发展的必然规律，随着全球信息技术发展和信息经济时代的到来，产业融合已经成为产业发展的内在性要求，并在越来越多的产业中拓展，通过融合化实现产业创新和培育新的产业增长点。农业、制造业、物流业、金融业和信息业等几大行业在产业融合的萌芽和发展期已经受到较深的影响，产业融合推动了上述产业的发展。近年来随着全球文化产业的快速发展，在多种因素的促动下，文化创意产业的触角也深深地延伸到了其他产业领域，打破原来的行业界限和其他产业广泛地进行着产业内和产业外的融合。

文化创意产业是集艺术与科技于一体的产业，正如达·芬奇曾经说过："艺术借助科技的翅膀才能高飞。"文化创意和科技的结合是科学技术发展和文化创意产业自身发展过程中的必然选择。首先，从经济的长远发展来看，产业发展的内在动力是人类为满足自身物质和精神的需求所推动的，同时，人类对精神产品的追求也维系了文化创意产业同其他产业融合的关系；其次，从文化创意产业自身的角度来讲，企业对效益的追求必然要求在发展中寻求更多的文化资源、应用更新的科学技术以促进产业的快速发展。然而，文化创意产业融合的实现要在一定条件具备的情况下才能得以实施，不是一蹴而就和任意形成的一种产业发展趋势。只有在科学技术发达、文化创意产业发展水平较高以及政府放松管制的条件下，才能促成文化创意产业的融合。

20 世纪 70 年代以来，光缆、无线通信、卫星等通信技术不断成熟并被广泛利用，带来了信息处理和传播技术的革命。在此背景下，电信业、广播电视业及报刊业开始相互融合发展；20 世纪 90 年代中后期数字化技术推广以来，影视产业、音乐产业、出版产业和数字技术的融合的浪潮势不可挡，如网络电视（IPTV）、数字电影、数字音乐、网上书店等各种创新形式层出不穷。随着新媒体 – 互联网和 3G 手机的广泛应用和普及，文学、音乐、广播电视、电影和出版等创意产业通过和电脑、3G 手机等融合发展，为人们提供了品种繁多的文化创意产品和丰富多彩的展示形式。以信息通信技术为代表的高科技发展促进了文化创意相关企业快速发展，为文化创意产业的产品开发、传播和消费提供了广阔的发展空间，呈现出多样化的创意产业融合发展生态。

（二）北京文化创意产业呈现出高成长性

根据 2008 年联合国贸发会议（UNCTAD）和联合国开发计划署（UNDP）首次联合发布的《2008 年创意经济报告》，2000 年至 2005 年间，全球创意产品和服务贸易平均年增长率为 8.7%，是国际贸易中增长最快的领域之一。[①] 文化创意产业已经成为美国、英国等发达经济体和国家的国民经济重要支柱。

北京是我国文化发展的中心，文化创意产业发展较好。2011 年北京市文化创意产业增加值达到了 1989.6 亿元，占 GDP 的 12.2%，增幅达到 14.2%，总收入达到 9027 亿元。“十二五”期间，文化创意产业进一步发展，2012 年，全市文化创意产业收入首次突破 1 万亿元，实现增加值 2189.2 亿元，占 GDP 比重达 12.3%。2013 年北京市文化创意产业实现增加值 2406.7 亿元，增速为 9.1%，高于 GDP 将近 1.5 个百分点，居于全

---

① United Nations Committee on Trade, Aid and Development.2008.Creative Economy Report 2008, Geneva: UNCTAD

国各省区市首位。全市规模以上文化创意企业实现收入 10022 亿元，同比增长 7.6%，文化创意产业已经成为第三产业中仅次于金融业和批发零售业的第三大支柱产业，是首都经济的重要支柱和新的增长点。不仅仅体现在产值上，北京市的文化机构和文化设施数量也远远超过国内其他城市，在我国位居领先地位，甚至在部分领域已经接近了世界主要城市水平。2014 年，北京文化创意产业实现增加值 2794.3 亿元，占全市 GDP 的比重提高到 13.1%，创历史新高。截至 2014 年底，北京文化及相关产业企业已达 17.1 万户，同比增长 15.8%；注册资本 4338.5 亿元，同比增长 39.4%。规模以上法人单位实现收入 11029 亿元，同比增长 9.5%；文创从业人员 109.7 万人，同比增长 2.2%。在整体经济发展进入新常态，增速换挡的形势下，北京市文化创意产业逆势上扬，表现出较强的抗衰性。2015 年北京市文化创意产业实现增加值 3179.3 亿元，占地区生产总值的比重达到 13.8%，比上年提高 0.6 个百分点，在全国占比最高。此外，在文化消费、对外文化贸易、文化企业竞争力等多项指标方面，北京在全国均处于领先地位。经过“十二五”时期的持续健康快速发展，文化创意产业作为战略性支柱产业的地位更加突出，在拉动首都经济增长、推动经济转型升级、加快全国文化中心建设中的作用进一步凸显，北京的文化创意产业已经站在了一个新的历史起点上。2016 年北京市文化创意产业实现增加值 3570.5 亿元，占全市 GDP 的比重提高到 14.3%，产业支柱地位进一步巩固提高。2016 年北京市规模以上文创产业法人单位实现收入 13964.3 亿元，同比增长 7.3%；文创企业超过 23 万家，从业人员超过 200 万人。

目前，北京市一大批发展较好的集聚区正在逐步成为北京市的新地标，已经具有了一定的世界知名度。而且北京市在“十三五”期间将大力发展文化创意产业，优化文化创意产业环境，提升文化创意产业的整体竞争实力。见表 1：

表 1-1 北京市历年文化创意产业增加值统计（2004—2013 年）

北京市历年文化创意产业增加值统计（2007-2016）单位：亿元										
年份	2007	2008	2009	2010	2011	2012	2013	2014	2015	2016
文化创意产业	1008.3	1346.4	1489.9	1697.7	1989.9	2189.2	2406.7	2794.3	3179.3	3570.5

数据来源：根据历年《北京统计年鉴》及统计数据整理。

北京市文化创意产业的发展水平、科技发展水平以及支撑文化创意产业发展的软环境均位于全国首列，那么，北京市文化创意产业是否具备了融合的条件呢？文化创意产业能否实现与其他相关联产业的无缝对接互动发展呢？文化创意产业在与其他产业融合发展过程中需要解决哪些问题呢？文化创意产业内部几大类之间应该如何加速融合发展？这是当前北京文化创意产业发展过程中尚需思考的现实问题。故本研究就是在我国文化产业大发展和产业融合趋势日益明显的背景下，对北京市文化创意产业融合发展进行的一个系统性的研究。

二、研究意义

由于文化创意产业是一个新兴的产业，因此对这个领域的研究近些年才有学者涉足，尤其是国内学者对文化创意产业融合发展的研究更是处于起步阶段。目前相关研究大都停留在从宏观层面论述促进文化创意产业与其他产业融合发展的现实意义，或者列举影响文化创意产业融合发展的关键性因素，抑或从国家战略层面提出促进文化创意产业融合发展的建议等，尚没有对文化创意产业与国民经济中其他产业或本产业内部融合进行过深层次的研究。因此在产业融合的背景下，本研究首次运用“产业融合”理论系统地对文化创意产业发展问题进行探索性研究，以发达的北京市文化创意产业作为研究对象，进行文化创意产业融合发展研究，这不仅对文化创意产业的研究是一种创新，同时也大大拓宽了产业融合的研究视野，必将进一步丰富和完善产业融合理论以及文化创意产业研究的基本理论，故本书具有一定的学术价值。

研究的实践意义在于本书致力于详尽地阐述文化创意产业融合发展的动力机制，融合方式以及实现机制，并从宏观、中观、微观层面对北京市文化创意产业融合发展策略提出建议。这对文化创意企业以及政府相关文化创意产业政策的制定具有现实的指导意义，也为社会投资决策提供参考依据。

本书的创新之处体现在：

1. 角度创新：本书拟从产业融合的角度对文化创意产业发展进行研究，研究视角比较新颖，目前国内外相关的研究尚处于初始阶段。

2. 内容创新：本书将利用模型进行分析文化创意产业融合的实现机制，并从宏观、中观、微观层面对北京市文化创意产业融合发展策略提出建议。在产业融合研究领域中，属于首次对北京文化创意产业融合发展所做的详尽、细致的研究。

三、研究内容

本书的研究主体是文化创意产业的融合发展研究，以北京市的文化创意产业为例，分析文化创意产业与其他产业之间的融合发展以及文化创意产业内部各行业的关联发展。

本书共分六个部分：第一章为绪论，包括研究背景、研究意义、研究内容、研究方法及主要创新点和难点。第二章旨在为本书提供理论依据，对产业融合以及文化创意产业融合理论研究的文献进行归纳整理，阐述前人的研究给我们带来的启示以及前人研究的局限所在。第三章分析文化创意产业融合发展的动因及方式，分析指出技术创新、企业驱动和政府推动是文化创意产业融合发展的动因，这些因素促使文化创意产业进行技术融合、产品融合、市场融合和企业融合。这一部分的分析是为了针对北京市文化创意产业融合发展对策的提出提供依据，为本书的对策提出部分做了理论上的铺垫。第四章是北京市文化创意产业融合发展的实证分析，利用 PEST 分析模型对北京市文化创意产业融合发展的政治法律环境、经济信息环境、社会人文环境以及技术产业环境进行详细分析，找出北京市文化创意产业融合发展的问题所在。同时，这一部分还将分析北京文化创意产业融合的类别，将文化创意产业与第一产业、第二产业及第三产业的其他行业融合进行分门别类的描述。第五章采取案例分析的方式对文化创意产业内部融合业态和外部融合业态进行个案分析，探讨适合于北京市文化创意产业各门类的发展方式，论述拟涵盖文化创意产业几大门类如动漫产业、文化旅游、新闻出版业等的内部融合，以及文化产业和其他产业如农业、轻工业等外部融合。最终以电影产业和互联网产业的融合以及文化创意产业和农业的融合为例，从微观层面分析文创产业融合的优势及问题。第六章是结论及对策建议部分，对全文的结论进一步汇总、分析，进而从政府层面、社会层面和企业层面三个方面提出推动北京市文化创意产业融合发展的对策建议。

四、研究方法

本书拟采取的研究方法如下：

一是规范分析与实证分析相结合。由于文化创意产业融合的研究是一个较新的学术范畴，没有形成统一的概念框架，因此，本书将采用对国内外各种数据库检索以获得本书主题相关的文献，首先确定文化创意产业融合的概念，进而从产业融合理论的多个角度进行梳理综述，进行归纳、演绎，然后为文化创意产业融合发展提供理论基础，并将理论综述得出的结论应用于北京市文化创意产业融合现状的实证分析之中。

二是比较分析和案例分析相结合。选取北京市文化创意某一分类中典型企业进行分析，通过与同行业未进行产业融合的企业相比较，为文化创意产业融合发展提供案例支持。

三是微观分析与宏观分析相衔接。不论是分析文化创意产业融合的必要性、可行性，还是分析产业融合的类别、融合的模式，都坚持既着眼于具体文化企业又考虑整个文化创意产业乃至整个经济的微观分析和宏观分析结合的方法论取向。

第二章　文献综述

一、产业融合理论研究现状

（一）国外产业融合研究现状

融合一词在中文中的解释为“像融化那样成为一体”，在英文中对应的单词为Convergence。对于产业融合概念的讨论开始于20世纪70年代末80年代初，国外早于国内，实业界早于学术界。首先提出了产业融合的口号是工业较发达的日本实业界，日本NEC公司首次提出了计算机和通信相结合的概念。

在世界范围内，产业融合这个现象不断被发现。1978年，美国麻省理工学院（MIT）实验室研究人员尼古拉庞蒂（Negroupponte）使用图表示范了三个代表广播电影业、计算机业和出版印刷业的相互交织的圆环（见图2-1），并演示三个圆圈趋于重叠的融合进程，他认为三者的交叉处将是未来最有发展潜力的领域，这一领域将取得飞速的发展，并且他预测2000年这三大领域将合并。

同一时期，来自哈佛大学的欧丁格（Oettinger）教授创造了Compunctions一词，法国作家罗尔（Nora）和敏克（Mince）缔造了另外一个新词Telemetriqu。几位学者用这两个词来揭示数字融合的发展趋势，另外，他们将信息数字化后，图片、视频、音乐、声音通过同一终端传送的现象称为“数字融合”。①

① Muller M, Tan, Z. China in the Information Age: telecommunications and the Dilemmas of Reform [M]. Westport: Praeger, 1997.

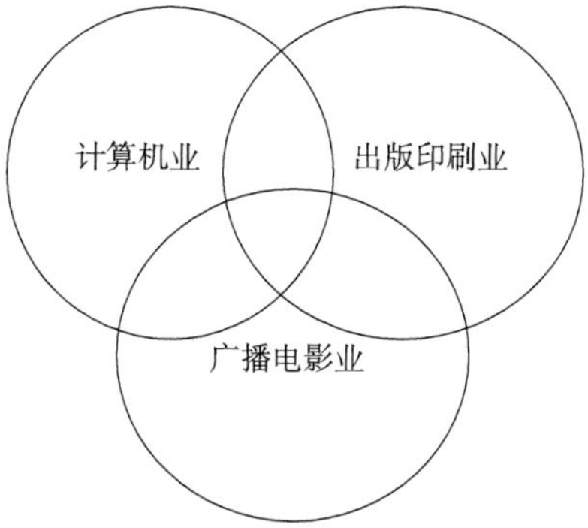

图 2-1 计算机业、出版印刷业和广播电影业的融合

此后，对于产业融合现象关注的研究者越来越多，不同的研究者从技术、产品、市场、企业、综合等不同的角度对产业融合的概念、产业融合的类型、融合发展的动力以及融合带来的影响等内容进行了研究。

1994 年，关于产业融合理论的研讨会“冲突的世界：计算机、电信以及消费电子学研讨会”在美国哈佛大学商学院成功举办，这是世界上第一次关于产业融合讨论的研讨会。

1997 年，欧洲委员会发表了有关产业融合的“绿皮书”，书中对融合进行了界定：“融合是指三个角度的融合——产业联盟和合并、技术网络平台和市场”。通信、广播电视、出版及其他信息技术产业之间的融合提供了一种新的服务和新的商业模式。产业融合不单纯是技术问题，融合将会扩展到整个信息市场，是整个社会运作的一种新方式，是促进经济发展强有力的推动力量。[①]

1997 年，尤弗亚（Yoffie）认为产业融合是指采用将原本各自独立的产品采用数字技术后的整合，实现产业融合必须是一个技术突破，要制定技术发展战略。为了更加形象说明，他建立了 CHESS 模型，代表创新性组合、水平解决方案、外部性和标准设定、范围经济、规模经济和捆绑以及系统聚焦过程。这个模型的主要意义在于可以帮助企业在产业融

① European Commission. Green Paper on the Convergence of the Telecommunications, Média, and Information Technology Sectors, and the Implications for Regulation [R] . Http: //www. ispo. cec. be, 1997.

合背景下采取正确的技术战略和发展战略。[①]

2001年，日本学者植草益指出产业融合过程中，同一产业内部的企业群存在企业之间的竞争关系，然而根据产业的严密定义来界定，超出产业以外就不再处于竞争关系。但是，如果因为技术革新开发出了替代性的产品或服务，或是因为各产业的企业群逐步放宽限制积极展开互相介入，就会使他们处于相互竞争的状态之中。通过技术革新和放宽限制，产业间的融合降低了行业间的壁垒，同时加强各行业企业间的竞争合作关系。此外，通过分析电信与邮政、信息处理、广播等媒介的融合和对互联网带来的信息通信业的融合、全体信息通信业的融合及IT革命的影响的深入研究，植草益指出信息技术（IT）对制造业、流通业、金融业、公益事业等融合具有重要的影响，以及互联网的普及对广告、出版、流通等也产生巨大影响。[②]

2002年，尼尔斯·斯蒂格利茨（Mis Stieglitz）经过研究提出了四种不同类型的产业融合，他认为不同的融合类型对产业发展演化和商业战略的影响是不同的。[③]

2003年，霍伯（Hooper）提出产业融合不是一个简单的概念，它包括基础技术融合、设备融合、网络融合、企业融合和管制融合等五个方面的内容（见图2–2）。

基础技术融合主要是指数字技术和IP技术的高度融合；设备融合主要是指不同设备之间功能的融合，如通过电脑可以听音乐、看电影；网络融合是指建立一个具有多种传输功能的网络；企业融合主要是指不同企业之间的重组、兼并；管制融合是建立在基础技术、设备、网络和企业几方面的融合基础之上的，随着融合行为的发展管制机构之间进行的融合。[④]

---

① Yoffie DB. Competing in the Age of Digital Convergence [C]. Boston，1997：1–35.

② [日]植草益. 信息通讯业的产业融合[J]. 中国工业经济，2001（2）：24–27.

③ Stieglitz Nils. Industry Dynamics and Types of Market Convergence [R]. Copenhagen，2002，6.

④ 肖岚. 创意产业融合成长的动力机制及其自组织创新模式研究[D]. 东华大学，2011.

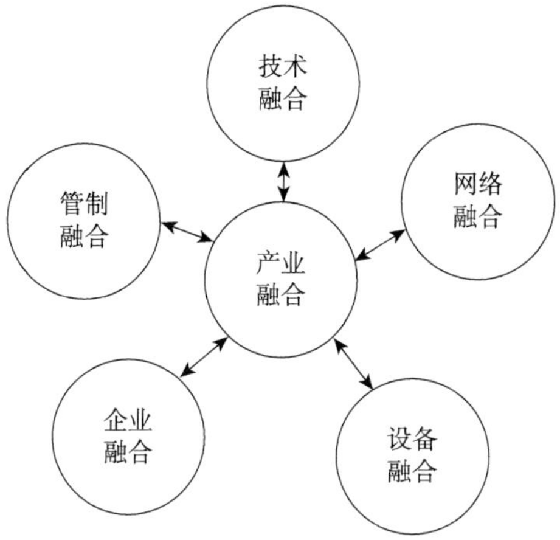

图 2-2 产业融合的五个维度

2005 年，林德（Lind）从市场融合的角度分析产业融合，认为产业融合是消除市场准入障碍和产业界限后，迄今为止各分离市场的汇合与合并。[①]

无论从哪个角度对产业融合进行界定和分析，研究者一致认为：技术进步促进了产业融合的发展；产业融合不仅仅是两个产业或者几个产业的简单相加，而是一个系统、复杂的相互影响的过程，包括技术融合、产品融合、渠道融合、企业融合、市场融合、制度融合等多层次因素的有机渗透结合；产业融合不是某一个国家个别发生的现象，是所有国家在发展中共有的现象；产业融合的价值和影响力会越来越大。

（二）国内产业融合研究现状

国内学者在 20 世纪 90 年代起开始关注产业融合现象，虽然对产业融合的研究起步较晚，但是发展速度较快。

1997 年，于刃刚较早地的进行了产业融合的研究，他注意随着农业产业化的发展，第一产业、第二产业、第三产业之间有产业融合的趋

---

① Lind J. “Ubiquitous convergence：market redefinitions generated by technological change and the Industry Life Cycle”，Paper for the DRUID Academy Winter 2005 Conference，2005.

势，首先体现在第一产业加快了与第二产业、第三产业的融合。于刃刚认为增进我国经济发展速度应由重点依靠第二产业带动转向依靠第一、第二、第三产业协同带动，也就是说，促进经济增长根本在于调整产业结构。像以往一样简单地划分第一、第二、第三产业已不适应经济发展的需求，原因在于在自然经济条件下，农业相对独立，三产业之间界限比较清楚；在传统的计划经济体制下，农业生产、加工、销售、服务也基本处于分离状态，因此，三次产业的划分也比较清晰。但是，随着我国现代市场经济发展和生产力发展水平的提高，农业产业化进程的加快，农业与加工工业、服务行业显现出加快渗透融合的倾向。①

2002 年，厉无畏在《产业融合与产业创新》中指出产业融合的特征和追求目标：正如不同学科的交叉融合也会产生新的学科一样，产业融合的特征在于融合后出现了新的产业或新的增长点。产业融合追求的目标在于 1+1>2 的生产效率和较高的经济效益。科技创新产生的高新科技及其产业的作用是产业融合发展的强大助推器。②

2002 年，吴少平提出产业融合发展的三条路径：一是通过科技创新、机制创新与管理创新共同推动；二是通过高新科技来改变产业格局；三是通过传统产业与新兴产业的协调发展。③

2003 年，周振华教授的专著《信息化与产业融合》针对信息技术对中国产业结构的影响进行研究，从信息化中的产业融合入手，论述了产业融合的发生条件及背景，产业融合的展开过程及其发展类型等。书中指出产业融合将带来两种经济发展的走向：即传统产业边界日益模糊化的趋势和经济服务化的趋势。产业融合使产业间发生新型的竞争合作，并带来更大的复合经济效益。信息技术的支撑是产业融合发生的必要条件，广播、电视、电信、出版等产业实现融合的基础环境是基于全球信

---

① 于刃刚 . 三次产业分类与产业融合趋势［J］. 世界经济与政治 .1997.1：42—43.

② 厉无畏 . 产业融合与产业创新［J］. 上海管理科学 .2002.4：4—6.

③ 吴少平 . 产业创新升级与产业融合发展之路径［J］. 首都经济贸易大学学报 .2002.2：12—16.

息化的发展，信息化也为产业融合的进一步拓展提供了关键性条件。①

2003 年，胡汉辉和邢华通过研究指出，技术融合、业务融合、市场融合和产业管制环境的变化促成产业融合，以上四个因素是产业融合产生的前提条件。并且总结出产业融合具有产业渗透、产业交叉和产业重组等三种形式。②

2006 年，马健的专著《产业融合论》系统地研究了产业融合基础理论，分析了产业融合对企业成长的效应、对产业结构升级的效应，并找出了信息化条件下企业融合成长的基本规律。产业融合的机制、动因及其应用等内容也都在书中有所涉及。他总结了产业融合的内因和外因：技术革新给产业融合带来了必要性和可能性，被视为产业融合的是内在原因；放宽经济管制的政策后允许其他相关产业的经营范围加入到本产业的竞争之中，从而使不同产业逐渐走向融合，这是产业融合发生的外在原因。③

同年，于刃刚、李玉红、麻卫华等人在专著《产业融合论》中在分析信息产业、金融产业、物流产业、能源产业等各个产业的融合趋势的基础之上，重点指出产业融合带来的改变产业分类、优化产业结构、对反垄断法立法的重新思考以及规制理论及政策的重新制定等几方面的影响。④

2006 年，陈力丹和付玉辉从技术融合和网络融合、市场融合和服务融合、企业融合和集团融合、管制融合和政策融合等四个方面探讨了电信业和传媒业的产业融合。⑤

2007 年，李美云着重分析了服务业发生产业融合的内在机理、促成融合的外部因素以及实现机制等方面，全面系统地剖析了服务产业融合的相关理论问题，并着重探讨经济服务化和全球化的背景下服务业产业

① 周振华．信息化与产业融合［M］．上海：上海人民出版社，2003.

② 胡汉辉，邢华．产业融合理论以及对我国发展信息产业的启示．中国工业经济［J］.2013.2：23—28.

③ 马建．产业融合论［M］．南京：南京大学出版社，2006.

④ 于刃刚，李玉红，麻卫华，于大海．产业融合论［M］．北京：人民出版社，2006.

⑤ 陈力丹，付玉辉．电信业和传媒业的产业融合［J］．现代传播.2006.3：28—31.

融合与经济大环境的关系。①

2008 年，胡永佳从分工的角度理解和分析产业融合，提出了产业融合的两个推论：条件推论和融合度推论，详细阐述了产业融合的效应，以及产业融合的思想源流。②

2010 年，麻学锋、张世兵和龙茂兴对旅游产业的资源融合、技术融合、市场融合等融合路径进行了分析，并指出企业要选准旅游产业融合路径，要按照摸清市场、找准"融点"、善于创新等步骤进行。③

2011 年，郑明高对产业融合相关问题进行了更为深入的研究，他的分析主要立足于金融产业和信息产业的产业融合作为案例。④

2012 年，梁伟军对农业与相关产业融合发展的问题做了系统分析，他运用产业融合理论与方法，研究了农业与相关产业融合的必然性、宏观环境、内在机制、融合度测评、经济绩效等学术问题。这一研究为人类更好地认识现代农业发展规律，指导农民科学从事农业实践，提供了全新的理论视野和路径指引。⑤

2013 年，胡金星在其专著中研究了产业融合的内涵；产业融合的产生机制；产业融合产生的过程模型；产业融合产生的激励机制等问题。另外，运用比较研究方法对英国、美国和日本等国家三网融合进程及其监管体制改革进行了比较研究，对于明确我国政府在产业融合进程中的角色及政府推动产业监管体制改革等方向，有重要的借鉴价值。⑥

2015 年，国务院发展研究中心市场经济研究所所长任兴洲指出：我国当前和今后一个时期，发展产业互联网是大势所趋，将成为我国"互联网 +"发展的一个重点。为实现产业互联网的快速发展，必须努力创造良好的条件和环境。在企业层面，首先是企业思维和观念的改变，观

---

① 李美云 . 服务业的产业融合与发展［M］. 北京：经济科学出版社，2007.
② 胡永佳 . 产业融合的经济学分析［M］. 北京：中国经济出版社，2008.
③ 麻学锋，张世兵，龙茂兴 . 旅游产业融合路径分析［J］. 经济地理 2010.4：678—681.
④ 郑明高 . 产业经济发展的新趋势［M］. 北京：中国经济出版社，2011.
⑤ 梁伟军 . 产业融合与现代农业发展［M］. 武汉：华中科技大学出版社，2012.
⑥ 胡金星 . 产业融合：创新机制与监管体制的双重效用研究［M］. 长春：吉林大学出版社，2013.

念的变化决定了是否能够运用互联网思维进行变革；其次，要整合互联网技术的人才和资源。与专业互联网企业合作，要有整体的方案设计，允许试错，但避免盲目跟风。在政府层面，应努力创造更加宽松的政策环境。在《中国制造2025》的指引下，还需要有具体的支持产业互联网发展的政策体系，加快构建以金融服务、信息服务、科技服务、商务服务、流通服务为主的生产性服务体系（例如为互联网与工业融合提供专业解决方案的生产性服务），推动“互联网＋传统产业”的发展，促进我国产业互联网有更大的提升。

从最早关注到产业融合现象开始，我国学者对于产业融合的研究越来越深入，研究能力在不断地进步，由微观到宏观，研究视角不断发展变化。研究的内容主要有产业融合概念、融合发展的路径、内在机理，外部激活因素、实现机制、趋势、影响等，涉及信息产业、金融产业、物流产业、能源产业、服务产业、农业产业、文化产业等产业。

二、文化创意产业融合研究现状

关于文化创意产业的定义不同学者、不同国家有不同的界定。比如在英国、澳大利亚、新西兰、新加坡、中国台湾和中国香港等国家和地区称之为“文化创意产业”，英国和澳大利亚的创意产业的定义只是关注于艺术文化产业，而排除了专利产业；而在美国、加拿大则称之为“版权产业”；在日本则被称之为“内容产业”或“感性产业”。中国香港将文化创意产业分为广告、建筑设计、数码娱乐、电影与视像、艺术品及古董、软件与电子计算、电视电台、音乐、出版、表演艺术等11项内容。

本研究中文化创意产业的概念依据北京市统计局划定的北京地区文化创意产业种类来进行界定，即包括以下九大类，具体为：文化艺术；新闻出版；广播电影电视；软件、网络及计算机服务；广告会展；艺术品交易；设计服务；旅游休闲娱乐；其他辅助服务等。

随着现代信息技术的发展，产业结构的软化和经济体系的服务化加深，产业融合现象逐渐增多。不仅在信息产业，电信与传媒、金融业的混业经营、农业和旅游业等一系列产业之间互相渗透、业务交叉和并购重组。产业融合的现象越来越明显，不仅对传统的产业组织、产业结构以及产业政策形成了挑战，而且产生了一些新兴产业生态，出现了大媒体、大电信、网络游戏、数字出版等融合多个产业特性的组织形态。

目前，国内对于文化创意产业融合研究的成果不多，主要集中在文化创意产业融合动因、融合模式和融合案例研究等方面。

（一）文化创意产业融合动因研究

创意产品本身具有文化融合的属性。关于这一点，E.Caves（2004）曾经指出：视觉艺术、作家的书籍、艺术家表演的电影或录像等这些创意作品的拥有者可以从不同的市场上得到收入。虽然这些市场可能会被国界或其他界限分隔，但是通过对核心创作性商品或以不同体现方式进行重新全释和包装，创意产品可以通过多种不同形式多次使用和实现其内在的文化价值，由此可见，创意产业具有和其他产业融合的潜在优势。

文化创意产业融合动因多样，主要有技术动因、市场动因、管制动因等三种动因。

陆晓清对网络游戏业与旅游业产业融合的动因进行了分析，认为两者融合主要源于技术创新、市场需求和经济管制。技术创新是内在驱动力，市场需求和经济管制是外在推动力。① 朱维洁提出科技发展和进步、政府经济性管制、对企业效益的追求和人类的精神需求是文化创意产业融合动因的观点。② 肖叶飞和刘祥平认为技术创新、放松规制、企业竞合关系、跨行业并购与重组以及市场需求的驱动共同推动了产业融合的发展。③

---

① 陆晓清．论网络游戏业与旅游业的产业融合［J］．重庆邮电大学学报，2009.1：42—45.

② 朱维洁．试论文化产业融合的动因［J］．河南师范大学学报（哲学社会科学版），2009.5：203—204.

③ 肖叶飞，刘祥平．传媒产业融合的动因、路径与效应［J］．现代传播，2014.1：68—72.

刘玉珠在谈到文化产业的跨界融合时指出，文化产业和相关产业融合发展的动力是市场。当前，在发展过程中，市场需求、消费需求、企业需求、资本需求、跨界需求都推动着文化产业与相关产业的融合。

（二）文化创意产业融合模式研究

对于文化创意产业融合模式的研究，有从宏观角度对融合模式进行高度总结的，也有从具体产业着手进行有针对性总结的。

沙吉指出，文化创意产业具有技术融合模式、业务融合模式和市场融合三种模式。除此以外，文化创意产业如果需要发展，需对产业运作模式、市场运营机制、思想理念等方面进行深入的探索与实践，从较高层次对文化产业进行开放式融合创新。① 康嘉、杨彩云和胡琴将工业遗产与文化创意产业融合模式总结为创意 LOFT 模式、博物馆模式、创意产业园（基地）模式、工业旅游模式、动漫城模式、公共文化空间模式等六种模式。② 黄丽萍和王余强以景德镇为例研究了旅游产业与文化创意产业融合模式，通过分析旅游产业与文化创意产业的融合驱动因素，总结出其具有渗透型、重组型和延伸型等三种融合模式。③ 杨永超认为文化创意产业融合的实现主要通过产业间经济活动的功能互补和延伸。一是各自产业价值链活动环节的延伸，使原有的产业间的业务和运作边界被打破，从而产业边界发生交叉融合，这就赋予了原有产业新的附加功能和更强的竞争力，形成融合型的产业新体系；二是通过新的价值通道重新整合为一条新的文化创意产业价值链，构筑出新型的融合型产业；三是将原属于不同产业的价值，通过技术的渗透融合，全部或部分无摩擦地渗透到另一产业中，构成新型的产业与价值；四是文化创意产业取代传统产业进行融合，并产生新的价值传递。④

---

① 沙吉．基于开放式创新视角的文化产业融合研究［J］．市场周刊（理论研究），2013.11：82—85.

② 康嘉，杨彩云，胡琴．工业遗产与文化创意产业融合模式探讨［J］．经济论坛，2012.5：102—107.

③ 黄丽萍，王余强．景德镇旅游产业与文化创意产业融合模式探究［J］．价格月刊，2013.8：87—90.

④ 杨永超．产业融合对文化创意产业发展模式的影响［J］．中共山西省直机关党校学报，2012.5：55—57.

杨永忠（2009）指出，创意产业发展模式主要有雁行模式、梯度推移模式、增长级模式和产业集聚模式；从融合的主体上看，创意产业的融合有两种基本模式：第一种模式是传统文化产业与非文化产业间的融合，特别是信息技术的介入使融合成为可能，如韩国的“文化内容产业”和“数字娱乐”即这个概念上的融合；第二种模式是创意产业内部的产业融合，如迪士尼公司收购 ABC 公司，业务涉及媒体网络、影视娱乐、主题公园、游乐场、消费品和互联网等即是这种融合模式的代表。

骆勇（2008）指出：“文化产业融合”就是指文化产业同其他产业或文化产业内的不同行业互相交叉、渗透、重组，使得产业间的边界特征开始模糊或消失，产生新的精神产品或服务，最终融为一体，逐步形成新的产业的动态发展过程（见图 2–3）。①

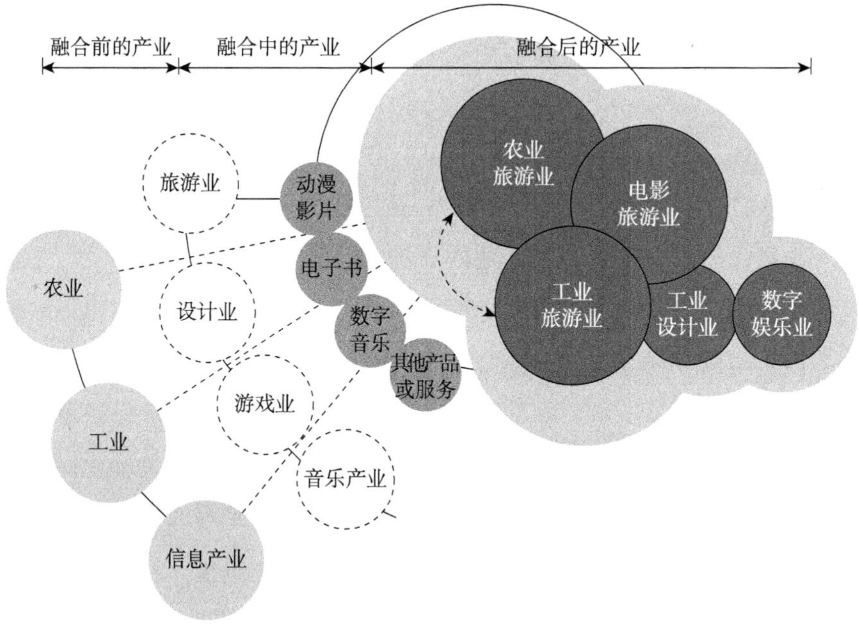

图 2–3　文化产业融合过程图解

2014 年，上海社科院文化产业研究中心学者花建从文化创意与工业

① 骆勇 . 文化产业融合研究［D］. 上海大学，2008–6–1.

融合、文化创意与旅游业融合、文化创意与建筑业融合、文化创意与农业融合四个方面论述了文化创意产业与相关产业融合发展的四大路径。花建指出："促进与实体经济的深度融合，推进文化创意和设计服务等新型服务业的发展，是中国跨越中等收入陷阱，全面实现现代化的重大举措。"

刘玉珠（2015）认为，文化产业未来融合的路径有如下几方面：一是政府要注重政策和顶层设计，建立促进文化产业与相关产业融合发展的完善的政策体系；二是企业要找准投资方向，准确分析市场，建立良好的人才储备；三是文化投资不仅仅是双赢，而是一种多赢，因此未来的融合应是一种多元融合，既有与科技的融合、与相关产业的融合，也有与金融资本的融合。未来我们要根据产业发展的需要加强顶层设计，破解产业发展中的各种问题。

（三）融合案例研究

文化创意产业融合案例研究成果较多，主要涉及出版产业融合、广播电视产业融合、电影产业融合、通信产业融合和旅游产业融合等方面。以动漫业与旅游产业融合为例，从不同产业之间的关系、融合路径、政府在产业融合中的职能和角色、个案出发研究等方面进行了较为系统的研究。如董桂玲在《动漫业和旅游业产业融合的动力机制研究》一文对动漫业和旅游业产业融合的动力进行了系统的分析，她指出产业融合的原动力为引力子系统、直接动力是推力子系统、系统环境是支持力子系统。同时，为了表明动力系统中各因素的相互作用，文中通过构建动漫业和旅游业产业融合的动力系统模型来进行生动的阐述。①

河北省文化产业研究中心于2006年底举办了"文化产业融合发展高层研讨会暨文化产业典型案例研讨会"，并发表了《河北省文化产业融合发展的思路与方略》一文，对河北省文化产业融合发展的重要性、紧迫

① 董桂玲．动漫业和旅游业产业融合的动力机制研究［J］．经济研究导刊.2009.32：40—41.

性和可行性，机遇和有利条件等进行深入分析，从省域整体和各地区局部两个层面分别探讨文化产业融合发展的思路、途径及发展重点，并提出相应的政策取向和对策建议。[①]

通过前面的文献整理可以发现，目前学术界对文化产业和相关产业的融合研究领域主要集中在旅游业、信息产业、金融业这些和文化产业已经出现融合现象的产业，其中旅游业更是占了多数笔墨；只有少部分文献研究文化产业与农业、制造业等其他产业的融合问题。文化产业的核心要素是文化创意，这是一种具有天然渗透特征的要素，这种天然渗透性质，使得文化产业融合的领域远不止此，文化产业同传统产业融合发展，特别是与制造业的融合，对经济的突破带动作用的研究应该成为今后产业融合方面的一个重要研究方向。

在研究层面上，目前有关文献主要停留在现象分析和对策研究上，大部分文献只是分析具体的案例、描述现象和存在的问题，以期找到融合发展的对策，具有一定抽象度的理论分析比较少，特别是建立在理论基础上的实证分析更是少之又少。因此，对文化产业与相关产业融合现象进行一般性理论阐释，并以此为出发点构建能适应文化产业融合环境的理论体系，是文化产业融合发展研究的重点。

在研究方法方面，现有文化产业融合文献的研究方法过于落后，多数文献只是进行简单的定性分析，如现象分析和对策研究等，较少进行定量分析，这可能与目前研究文化产业的学者多集中在人文学科领域有关，今后应该多使用经济学分析方法，从多交叉学科领域对文化产业融合发展进行研究。比如使用产业经济学、区域经济学等理论和方法，在此基础上建立科学的、可操作性强的产业融合评价指标体系和评价方法；比较分析中外文化产业同传统产业融合发展的不同点和相同点，为促进我国文化产业对传统产业的拉动作用提供参考和建议；使用数量模型来衡量我国文化产业与相关产业之间的融合程度，并测算其对双方产

---

① 顾江．文化产业研究（第1辑）[M]．南京：南京大学出版社，2006（8）．

业绩效所带来的影响以及我国经济的突破带动作用，从而探求出文化产业同传统产业融合发展与经济增长之间的内在关系等，这些都是有待深入研究的问题。

三、北京文化创意产业融合研究现状

北京文化创意产业发展迅速，2011 年北京市文化创意产业增加值达到了 1989.6 亿元，占 GDP 的 12.2%，增幅达到 14.2%，总收入达到 9027 亿元。2012 年，全市文化创意产业收入首次突破 1 万亿元，实现增加值 2189.2 亿元，占 GDP 比重达 12.3%。2013 年北京市文化创意产业实现增加值 2406.7 亿元，增速为 9.1%，高于 GDP 将近 1.5 个百分点，居于全国各省区市首位。目前文化创意产业作为北京市支柱产业已经排到了第二位。北京文化经济规模总量已经达到城市支柱产业的标准，北京文化经济在首都国民经济和社会发展中的地位和影响日渐重要。北京文化创意产业不仅是北京市城市经济的支柱产业之一，是新经济增长点，还是满足人民群众精神文化生活需要的文化产品和服务的重要生产和供应部门。①

对北京文化创意产业研究的论文主要有：《北京文化创意产业集群发展问题研究》《北京文化创意产业集聚区发展研究》《北京文化创意产业集聚区建设研究》《北京文化创意产业发展现状分析》等。主要从发展现状、发展策略、发展元素、产业园区、平台建设、发展思路、人才培养等角度进行了分析。

专著主要有《北京市文化创意产业竞争力提升研究》《北京市西城区文化创意产业研究》《北京文化创意产业发展报告 2012》和《北京文化创意产业发展报告 2013》等。

---

① 孔建华．文化经济的融合发展与政府策略：北京文化创意产业发展述评（2006—2007 年）[J]．艺术与投资，2008.1：60—67.

《北京市文化创意产业竞争力提升研究》[①]首先分析了世界文化创意产业发展现状与趋势，对文化创意产业相关概念进行了辨析，阐述了北京市大力发展文化创意产业的重大意义；在此基础上把北京市文化创意产业整体竞争力与大陆其他省市进行了比较分析，并系统分析了北京市文化创意产业八个行业现状及问题，提出了发展对策。

《北京市西城区文化创意产业研究》以当今世界文化创意产业发展趋势为背景，站在理论前沿的角度，从国际化的视角，运用理论和实践相结合的分析方法，以北京市西城区文化创意产业为切入点，对其进行了实证分析。[②]

《北京文化创意产业发展报告 2012》[③]重点跟踪研究了北京市文化创意产业发展态势，反映了文化创新、科技创新“双轮驱动”的成果，从整体运行、行业发展、区域创新等方面综合研究北京的文化创意产业发展。

《北京文化创意产业发展报告 2013》[④]以北京 2012 年文化创意产业的总体运行和发展为基本内容，分析了北京文化创意产业的整体发展态势，梳理了各个区县的发展现状与产业特点，对文化创意产业的部分行业进行了深入研究，并从文化与科技融合、文化产业政策对城市发展影响等方面深入探讨了北京文化创意产业的发展规律。

总的来说，对北京文化创意产业研究时间不长，理论界对于北京文化创意产业的研究不够系统、深入。

从融合角度对北京文化创意产业发展进行研究的不多，主要是以房山区、通州区等具体案例研究为主，例如：朱启酒和钱静以北京房山区蒲洼乡、大石窝镇、四马台村、门头沟区爨底下村作为案例研究了都市农业生态旅游融合的路径。具体表现为：政府主导，整体规划设计，开发经营；市场主导，政策支撑，企业开发经营；市场主导，政策引导，

---

① 郭万超 . 北京市文化创意产业竞争力提升研究［M］. 北京：知识产权出版社，2013.

② 乔银娟 . 北京市西城区文化创意产业研究［M］. 北京：中国经济出版社 2013.

③ 王国华 . 北京文化创意产业发展报告（2012）［M］. 北京：社会科学文献出版社，2012.

④ 张京成 . 北京文化创意产业发展报告［M］. 北京：社会科学文献出版社，2013.

集体开发经营；“政府搭台、村民唱戏”，个体开发经营。[①]

罗清、王琦和马欣以北京通州区为例，对通州旅游产业融合的主要路径和战略措施提出了自己的观点：创造新的旅游热点，以运河文化为主题产品，亲水休闲为基础产品，向休闲度假、文化体验方向发展；将宋庄这张国内外闻名的文化名片打造成为可持续发展的旅游品牌。[②]

从融合的角度对北京文化创意产业进行研究，对推动北京文化创意产业升级，促进文化创意产业大发展具有重大意义。目前，对北京文化创意产业的研究仍处于初级水平，对产业融合现状、产业融合动力、产业融合路径、产业融合模式等问题缺少系统分析。

文化创意产业的融合是社会生产力进步和产业结构高度化的必然趋势。虽然文化创意产业的融合能够形成新的产业体系、构筑出新型的融合型产业，但是，创意产业在借助新技术创造大量财富的同时，也会不断释放出经济、政治和文化多重综合效应，而这种多重综合效应会冲击传统的社会秩序，改变社会的生产结构。[③] 我们既要关注到文化创意产业融合带来的积极影响，也要警惕它可能存在的危机与问题。

---

① 朱启酒，钱静．都市农业生态旅游文化创意产业融合路径选择［J］．安徽农业科学，2013.1：167—169.

② 罗清，王琦，马欣．北京市通州区旅游产业与文化创意产业的融合［J］．东方企业文化，2013.19：263—264.

③ 张祖群．基于文化与科技融合的北京文化产业路径研究［J］．北京理工大学学报．2013.8：149—153.

第三章　文化创意产业融合发展的动因和方式

一、文化创意产业融合发展的动因

随着中国现代化进程、信息化进程的加快和文化创意产业的大发展，文化创意和设计服务与经济和社会中其他的领域及行业，逐渐呈现出了多向、交互融合发展的态势。因此，促进文化创意与相关产业进行深度融合，通过融合催生产业新业态，从而带动更多就业机会、推动产业转型升级，这不仅是调整我国经济结构的重要内容，也是改善产品和服务品质、满足我国群众多样化的需求的必要途径。

根据《国务院关于推进文化创意和设计服务与相关产业融合发展的若干意见》，文化创意产业融合泛指："文化软件服务、建筑设计服务、专业设计服务、广告服务等文化创意和设计服务与装备制造业、消费品工业、建筑业、信息业、旅游业、农业和体育产业等重点领域融合发展。"[①] 文化创意产业融合发展离不开数字信息技术创新的推动，企业内部创新的影响，大众需求的激发和满足，政府的直接或间接干预。本节将从以上几个方面阐述文化创意产业融合发展的动因。

（一）基础驱动力：技术创新

1. 信息技术发展促进文化产业与相关产业融合的发生

与产业融合的基础驱动力一样，文化创意产业的融合发展最核心的

---

① 详见《国务院关于推进文化创意和设计服务与相关产业融合发展的若干意见》，www.scio.gov.cn，2014-04-24.

驱动力也是基于技术创新，二者存在互动协同的动态逻辑关系。

人类进入信息社会始于20世纪70年代，当时出现了微处理器技术和个人电脑，使人类进入“信息社会”；到20世纪90年代出现了信息技术，以微电子、计算机技术、通信技术（光缆、无线通信、卫星）和网络技术为代表，涉及信息的获取、传递、处理、发布和利用的各个过程，尤其是互联网技术、多媒体技术、光传输技术、无线传输技术等高新技术，为创意产业提供了数字化制作与传播的渠道。因此，信息技术带来的数字融合加速了文化创意产业的发展，也为其与其他产业融合发展创造了条件。以当今创意产业中成长最快的数字电影、数字电视、广告传媒、动漫、软件、视频游戏等产业为例，这些数字创意产品的产生和传播销售渠道都离不开数字技术、互联网IP技术和宽带技术等信息技术的发展。近年来移动技术的普及又进一步拉动了对数字创意产品的需求。信息技术带来的数字融合、网络融合和媒介融合驱动创意产品生成、传播和需求的力量，促进了创意产业的发展和提高了文化创意产业融合发展的可能性。

首先，从文化创意产业的文化产品和服务的生产来看，信息技术创新利用数字技术、互联网、软件等高新技术支撑来提升文化内容、创意和设计。例如互联网技术带来的新兴网络文化服务模式，丰富了文学、艺术、影视、音乐创作的内容；技术创新还完善加强了舞美设计、舞台布景创意和舞台技术装备创新；技术创新使得传统手工艺品与现代科技和时代元素融合，形成丰富多样的艺术衍生产品、工艺美术产品等；数字技术改变传统出版业的纸质图书单一产品形态，出现网上电子书、手机电子书等各种图书。

其次，从文化创意产业的文化产品传播和销售渠道和消费方式上来看，技术创新使文化产品传播、消费加快了数字化、网络化进程。例如：技术进步完善了博物馆、美术馆等公共文化设施的功能，提高文化产品展陈水平；技术创新推动传统文化单位发展互联网新媒体，推动传统媒体和新兴媒体融合发展，提升先进文化互联网传播吸引力；技术创新使得艺术品销售不再单独依赖画廊、展会等形式，网上艺术品销售和拍卖的形式越来越普遍。

再次，从文化创意产业的产业链延伸来看，技术创新加快文化企业技术改造步伐，将技术推广应用到更广泛的范围。例如：推动了动漫游戏与虚拟仿真技术在设计、制造等产业领域中的集成应用；推进数字电视终端制造业和数字家庭产业与内容服务业融合发展，提升全产业链竞争力；技术创新融合推动新闻出版数字化转型和经营模式创新。

最后，从制造业等其他产业对与文化创意产业融合的需求来看，是技术创新加快推动了工业设计服务领域延伸和服务模式升级。新技术带来的新工艺、新装备、新材料、新需求促进工业设计向高端综合设计服务转变。汽车、飞机、船舶、轨道交通等装备制造业的技术创新，产生了提高产品的外观、结构、功能等设计的新的需求，需要文化创意产业与之融合渗透。

2. 信息技术创新带来的文化产业融合的不同阶段

信息科技彻底释放了成熟工业经济潜在的生产力，改变着工业经济的范围与动态性，打破了产业边界的限制，创造了信息化经济和全球化经济。电信网、广电网和互联网的三网融合的发展阶段，为我们展示了信息技术创新带来的文化产业融合发展的不同阶段和趋势。

第一阶段是20世纪80年代开始，通信技术、信息处理技术、传播技术的发展推动了电信、邮政、广播、电视等媒体产业领域的相互融合，分享共同的技术，如微电子、光学和软件技术。

第二阶段是20世纪90年代开始，数字技术、多媒体技术、电脑和互联网的广泛普及与应用，促进了电视、电影、音乐、广告、出版等产业的进一步融合，出现了以互联网技术为主导的三网融合、媒介融合。互联网缩短了信息传播的时间和空间，改变了创意产品制作、运送和销售的方式。电报、邮政业务下降，电子邮件、即时通信技术发展迅速。

第三阶段是21世纪初开始，以宽带技术、移动技术主导的数字内容产业、文化创意产业融合、三网融合。电信网、广电网和互联网的边界逐渐模糊，三大网络同时对内容和市场产生越来越强烈的需求。这一融合大趋势体现在业务、渠道、终端、内容等各个领域。互联网已发展成为一个综合媒体平台，不仅能够转播电视、定制视频、跟踪电视和广播服务、提供创意内容（电影、视频和音乐）的网站，而且正在成为用户用于社会交流、互动游戏、用户生成内容（如家庭制作的录像、声像和文字材料）、购物、企业介绍与媒介宣传的平台。

目前，文化创意产业与相关产业融合正在继续不断创造出新的文化业态和产业格局。电信业、文化业、传媒业、娱乐业、出版业甚至是物流业、旅游业等产业之间开始相互渗透与融合，掀起了新一轮产业革命，使得产业的资源配置、整合方式都发生了结构性变化，许多新的业态应运而生，形成了新的经济增长点。文化创意产业是无边界产业，具有高度的融合性、很强的渗透性和辐射力，它可以同时与不同产业关联，融合到任何产业中，实现产业升级和创新。

（二）内部驱动力：企业驱动＋需求拉动

1. 企业驱动

企业是文化创意产业的核心部门，产业的繁荣和壮大主要依赖于企业的发展与壮大。随着数字化、网络化等信息化的发展和推进，无论是文化创意企业还是传统制造业企业、商贸企业都对通过文化创意提升企业竞争力和品牌影响力产生了强烈的需求。

一是在与互联网信息产业、移动信息业融合的过程中，文化创意产业产生了许多新产品和服务，增加了品种类型和拓宽了市场空间。因此，文化创意企业与电信企业、互联网企业之间出现合资、合作、兼并、重组和战略联盟等新的经营模式和组织形式。

另外，文化创意产业可以推动生活日用品、礼仪休闲用品、家用电器、服装服饰、家居用品、数字产品、食品、文化体育用品等消费品工业向创新创造转变，帮助其打造品牌、提高质量，加强广告营销策划，增加多样化供给，引导消费升级，引领商贸流通业和管理经营模式创新，增加消费品的文化内涵和附加值，健全品牌价值体系，形成一批综合实力强的自主品牌，提高整体效益和国际竞争力。

在国外，文化创意企业与电子信息企业融合发展的开端以1988年日本索尼公司收购美国哥伦比亚唱片公司为标志。接下来，更多的企业展开了并购活动：迪士尼公司收购ABC公司、索尼电影娱乐公司并购Grouper（在线视频网站）、Google花费16亿美元并购YouTube（视频共享网站）、新闻集团花费56亿美元购得道琼斯公司以及英国星空卫视（Sky）并购了美国24电视节目（television show），希望通过提供有吸引力、高质量的电视内容来吸引新的观众注册并收看，等等。以上种种并购活动皆是这种融合模式的代表。

国内文化创意企业也基于创意和设计优势、根据产业联系，开展跨地区、跨行业、跨所有制业务合作，从而打造跨界融合的产业集团和产业联盟。

首先，部分国有文化企业开始实行股份制改造，逐步引进战略资本，积极引导民间资本流向文化创意和设计服务领域。以国内领先的互动娱乐媒体企业盛大公司为例，2009年，盛大收购了视频网站“酷6”，合资成立盛视影业；并收购上市公司华友世纪，分拆盛大游戏在纳斯达克上市，企业通过收购重组等融合发展方式向广大用户提供多元化的互动娱乐内容和服务。

其次，有一定实力的企业开始“走出去”面向国际市场，通过海外并购、联合经营、设立分支机构等方式积极开拓国际市场，扩大产品和服务出口，参与全球经济。推进文化等服务业领域有序开放，放开建筑设计领域外资准入限制。阿里巴巴斥资13亿港元投资中信二十一世纪，两个月后阿里巴巴再掷62亿港元控股文化中国传播。文化中国传播业务布局包括以下几个方面：影视剧制作、电视运营及服务（甘肃卫视），报纸刊物（《京华时报》《FIGARO》），移动传媒及游戏。阿里巴巴通过对文化中国传播的并购实现了数字娱乐领域的布局。

2. 文化消费需求拉动

首先，社会消费需求是文化创意产业发展的基础。创意产业可以提供丰富的文化和精神产品，来满足人们日益增多和迫切的文化需求和精神需求。社会经济飞速发展，随着人们生活水平的提高和人均收入的增加，人们对精神性产品的需求日益增大，这成为推动文化创意产业发展的根本动力。“城市居民人均可支配收入”和“农村家庭恩格尔系数”是影响文化创意产业的决定性因素。需求融合也常被定义成市场融合。

其次，信息技术的日益提高，改变了人们的生存方式、生活方式、思维方式、社交模式。另外由于交通的便捷、通讯业的快速发展以及外国直接投资（FDI）和国际贸易正在使全球的消费者需求接近趋同。另外，随着信息技术的提高，文化创意产品和服务的生产和传播的成本不断降低，产品价格不断下降，进一步刺激了用户对文化创意产品和服务的需求。

最后，数字技术进步提供了有线电视、卫星电视、互联网等多种传媒渠道的发展，传播渠道和平台的发展使得消费者开始拥有更多的自由去消费和体验文化创意产品和服务，通过多种渠道随时随地消费，这不仅激发了用户的潜在需求，满足了用户在创意产品偏好和选择上的个性化和多元化，也产生了需求的替代效应，促使渠道融合。

中国网民的数量之大反映出我国文化消费的巨大潜在需求，微博、微信、移动客户端、互联网新兴媒体正在对人们生活方式产生巨大的影响。2013 年底，中国网民规模达 6.18 亿，其中手机网民规模达 5 亿，成为第一大上网终端。2014 年我国网民规模达 6.49 亿人，互联网普及率为 47.9%，较 2013 年底提升 2.1%，手机网民规模达 5.57 亿人。根据中国互联网络信息中心（CNNIC）发布的第 39 次《中国互联网络发展状况统计报告》显示，截至 2016 年 12 月，我国网民规模达 7.31 亿，互联网普及率达到 53.2%，超过全球平均水平 3.1 个百分点，超过亚洲平均水平 7.6 个百分点。同时，信息科技飞速发展，对新闻信息传播方式与格局也产生越来越大的影响。在用户文化消费需求的拉动下，传统媒体开始转型，与新媒体融合。

一是主流媒体强力推进报网融合、台网融合。网络媒体以人民网为例，人民网通过手机报、客户端、微博等多种手段广泛向受众推送人民日报内容，目前人民网日均页面访问量约3.8亿；电视媒体以中央电视台为例，央视开通了中国网络电视台，构建起“一云多屏、全球传播”体系，使央视节目通过多个平台实现电视、电脑、手机和PAD终端“四屏”全覆盖；报纸媒体以中国日报为例，2008年，中国日报启动报网融合工作，从内容整合、采编策划、新技术应用等方面进行全方位探索实践。

二是社交媒体称为新的争夺阵地。随着社交媒体如微博、微信的兴起，人们消费需求的变化促使传统文化传媒企业纷纷与新技术、新渠道相融合。人民日报、新华社、中央电视台等纷纷抢占微博、微信的受众群体。人民日报先后在人民网、新浪、腾讯三个平台开设法人微博账号，法人微博粉丝总数已超过3000万；新华社不甘落后，打造出“新华社法人微博发布厅”“新华视点”等一批新媒体品牌；中央电视台大力开拓网络影视受众市场，“央视影音”客户端用户数超过2.1亿，用户遍及海外190多个国家和地区。

（三）外部驱动力：政府推动

在产业融合和文化融合的背景下，政府的财政政策、税收政策等各项产业政策和知识产权法律和法规的保护等是文化创意产业融合发展的外部影响因素。政府部门常常从以下四种途径对文化创意产业融合发展进行推动，即：直接干预、间接诱导、放松管制和加强知识产权（IP）保护。

1. 直接干预

以政府的直接干预这一途径，发展文化创意产业和促进文化创意产业融合比较成功的国家有英国、韩国等。以韩国为例，韩国专门成立游戏产业振兴中心和IT业振兴院以壮大数字内容与软件产业发展。韩国极力推动的六大创新技术领域之一就包括“文化与内容技术”，是指通过新的资讯技术与文化创作相结合，进而促进文化产业发展的技术。在法令支持方面，通过《文化产业促进法》，明确推进文化、娱乐及内容产业的发展。韩国还制定了与特定领域相关的政策法令，如制定电子游戏产业的相关政策法令，修改与之相关的声音、录像、电子游戏产品的相关法令。[①]

英国是全球最早提出“创意产业”这一概念的国家，也是全球第一个政府出台政策推动创意产业发展的国家。自 1997 年英国政府就创立了英国文化、媒体和体育部（DCMS），大力发展文化创意产业。近年来随着信息技术的进步，为顺应数字化的发展，英国政府采取了一系列措施。政府对下议院特别委员会所提出的“多媒体革命”做出响应，开始积极计划应对数字化潮流，着重研究数字化对文化创意产品消费的影响以及保护知识产权的重要性；创意产业专责小组对互联网以及数字科技对电影生产及销售的影响进行研究，并提出了应对数字化发展趋势的电影产业政策。

中国政府也推出一系列政策来支持文化创意产业的发展。2009 年 7 月 22 日，国务院通过《文化产业振兴规划》，将文化产业发展提升到国家战略层面的高度。2010 年 1 月，国务院常务会议通过了加快广播电视网、电信网和互联网的三网融合发展的决定。2012 年国务院发布《国务院关于大力推进信息化发展和切实保障信息安全的若干意见》提出加快推进三网融合，大力发展广电、电信、互联网融合型业务，逐渐培育和壮大三网融合相关产业和市场。拟定法律法规、健全体制机制、完善可管、可控的网络信息和文化安全保障体系。2014 年国务院发布第十号文件，《关于推进文化创意和设计服务与相关产业融合发展的若干意见》，该意见是对 2009 年《文化产业振兴规划》的延续，是结合当前文化创意产业发展新情况、富有针对性的新举措。

① 郭万超 . 西方发达国家：如何促进文化与科技结合［N］. 中国文化报，2014-1-18.

从现有的各国推进文化创意产业融合的各项政策来看，直接干预包括政府出台有力政策法规保护培育融合业态、政府通过许可审批放权等手段促进融合发展以及直接投资经营等方式直接干预文化创意产业的资源分配和运行态势。

2. 间接诱导

间接诱导主要通过提供行政指导、信息服务、税收减免、融资支持、财政补贴、关税保护等方式。

随着全球经济进入到新的发展格局下，文化、创意和创新逐渐取代传统产业中的资金、土地等成为核心竞争力，因此越来越多国家的政府通过大力发展文化产业来提升国家综合实力，并将其视为国家之间竞争的重要砝码。例如，发达国家政府如英国、美国和日本，建立文化创意产业发展基金，成立文化创意产业联盟等形式来推进文化创意产业的成长；发展中国家如中国通过一系列的财政政策、税收和人才培养政策等支持文化创意产业融合发展，政府通过文化投资公司、金融担保公司等为重要的创意企业或项目提供担保，或引导社会资本参入到文化创意产业。

在政府间接诱导文化和科技结合方面，韩国政府的支持政策值得借鉴。韩国从税制、资金和人力资源三方面政策对创新企业进行支援，以推动包括中小企业在内的创新企业发展。例如税制支援，包括：创新企业原则上两年内免除各种税务调查，两年内免除 75% 不动产取得税，5 年内免除财产税和综合土地税，6 年内免除 50% 所得税。在资金支持方面，制定《创新企业培育特别法》，针对数字内容等新行业进行激励。

我国政府通过制定一系列保障措施等间接诱导的方式促进文化创意产业融合发展，例如：将通过进一步加大财税支持文化创意产业融合发展。增加文化产业发展专项资金规模，加大对文化创意和设计服务企业支持力度，对经认定为高新技术企业的文化创意和设计服务企业，减按 15% 的税率征收企业所得税。企业发生的符合条件的创意和设计费用，执行税前加计扣除政策。对国家重点鼓励的创意和设计产品出口实行增值税零税率。又如：加强金融服务。建立完善文化创意和设计服务企业无形资产评估体系。鼓励银行业金融机构支持文化创意和设计服务小微企业发展。积极引导私募股权投资基金、创业投资基金及各类投资机构投资文化创意和设计服务领域。

从经济效应来看，政府在保证市场机制对文化创意产业资源配置发挥基础性作用的前提下，通过实施税收减免、融资支持和财政补贴等措施引导市场主体参与文化创意产品及其衍生品的生产、制作和发行，解决中小型企业创业初期的资金困难问题。间接诱导有助于向市场主体明示政府的政策导向，正确引导社会公众对文化消费的倾向，更好地促进文化创意产业的发展。

3. 放松管制

一方面，放松管制包括改变传统产业如计算机、通信和媒体分业经营的监管政策，允许混业经营，促进产业融合。

在国外，美国 1996 年通过的《电信法》引发了信息业和娱乐传媒业的一场革命，通过实践验证了政府放松管制对产业融合的促进作用。《电信法》允许电信、广播和电视业市场之间的交叉经营，允许电话公司、光缆公司通过开放式视像系统提供视像服务，取缔了之前禁止电信、广播和电视业之间“交叉所有权”的管制。

我国三网融合的发展也是政府改变分业经营状况的典型代表。放松广电、电信和互联网分业经营监管政策的结果是带来三网的快速融合，即产业间的障碍一夜之间被取消，消费者可以在一个网络平台“一站式消费”（one stop consumption），这样的一站式消费既为消费者提供了便利，通过一次购买行为满足了不同需求，又降低了交易成本。

另一方面，政府放松管制后会出现“共同管制”的概念，管制融合是指在全世界，越来越多的媒体和通信管制机构趋于融合，包括直接成立融合型规制机构等措施。

如美国通讯委员会（FCC）与加拿大广播电视委员会（CRTC）的合并、澳大利亚的通讯协会（ACA）与广播协会（ABA）的合并。2000 年英国政府为应对产业融合带来的新挑战，在《通信新未来》白皮书中提出，建议成立新的规制机构——OFCOM，对电信、有线电视等进行统一监管。根据此建议，2003 年英国政府通过新的《通信法草案》，正式设立新的统一监管机构——英国通信管制局（OFCOM）。新的融合管制机构 OFCOM 代替了英国原来的电信管理局、独立电视委员会、无线电管理局、无线通信管理局、广播标准委员会 5 个电信管理机构。

在中国，各个政府部门出于各自管理目标的需要形成了各自的政策和制度规定。互联网、电信和移动业务的监管归于国家工业和信息化部。对于三网融合而言，为了确保形成有效竞争，就必须有一个行之有效的政府管制体系。管制机构融合成为发展趋势，在融合的管制机构中，电信业务和广播电视业务作为同一个监管对象，但为了提高管理的专业性和有效性，机构内部一般是将内容与网络进行分别管理。新的部门调整后，广电总局和新闻出版总署合并成国家广电新闻出版总局，监管广播、电视、电影、新闻出版和著作权等业务，算是推动产业融合放松管制的一个标志性事件。但是目前在 IPTV、网络出版、移动电视等融合产业形态的管制上还存在着制度性的束缚，这些束缚不利于 IPTV、网络出版、网络电视等融合型文化创意产业的成长。

4. 知识产权保护

文化创意产品的数字化和网络化融合给政府的知识产权保护带来了新的挑战。数字化和网络化的发展使版权的知识产权法律保护愈加困难，诸如软件、动漫、数字音乐等文化创意产品都具有无形性的特点，一旦面向市场很容易被模仿和复制。原创人员的整个创作、设计、研究过程的智力成本将付之东流，而且相对于传统文化产品，其复制成本与创作成本相比接近于零，为侵权行为留下了巨大的获利空间。

美国是世界上较早实行知识产权保护制度的国家。1790 年美国颁布实施了第一部知识产权法《版权法》。根据信息技术发展带动的文化创意产品的形态变化，美国于 1998 年颁布了《数字千禧版权法》（DMCA），加强对网络知识产权以及著作权人利益的保护，为网络发展提供良好的环境。除此之外，美国国会多次修改版权法，将个人著作权保护期限从著作人终生及死后 50 年延长至 70 年，将迪士尼公司的“米老鼠”的版权期限从 75 年延长至 95 年，延长了 20 年的版权保护期。

在当前韩国流行音乐、电视剧及动画片在世界范围内流行并广泛传播的情况下，韩国版权委员会加强了海外版权保护，在北京、上海、曼谷三个地方设立海外办事机构以加强对韩国版权的监管。

文化创意产业融合产生的新业态更急需加强知识产权的保护。时下流行的网络文化产品，特别是一些热门应用软件、网络游戏等往往刚面世就被迅速抄袭，严重破坏了原创意产品的品牌形象。

案例介绍：以优酷诉优视不正当竞争索赔 500 万为例：国内知名视频网站优酷网的经营者将开发经营 UC 浏览器的优视科技有限公司等四家公司诉上法庭，称移动设备上安装“UC 浏览器”将优酷网仅提供在线浏览的视频，变成可下载内容，并称这一行为构成不正当竞争，请求判令这四家公司以公开的形式进行书面道歉，并赔偿经济损失 500 万元。

本案为国内首例浏览器下载仅供在线播放的视频节目，从而引发的不正当竞争纠纷，也是新民诉法施行以来，北京法院做出诉讼禁令的首例知识产权案件。优酷网认为“UC 浏览器”经营者优视公司、广州动景公司等通过“UC 浏览器”修改了优酷网页面内容元素，将正常情况下优酷网不允许下载的视频内容，以独立文件的方式保存到网络用户的移动终端设备上，导致优酷网的广告收入等无法实现，构成不正当竞争。本案涉及的浏览器可实现此项服务的技术问题、浏览器提供该服务的正当性等焦点问题，体现了当前互联网企业在产品、业务扩展过程中，与他人商业模式发生冲突，寻求司法判断的现状。

知识产权是文化创意产业的核心资产，也是文化创意产业内部融合及与第一、第二产业融合的最核心竞争力。因此，知识产权保护对于创意产业融合发展至关重要。在文化和科技融合发展的大背景下，政府的作用主要体现在：在原有的知识产权保护法律体系的基础上，通过加强对专利、版权和商标等知识产权的保护，对数字内容产品、电子交易等新兴业态进行保护，尤其要特别保护音乐、书籍、软件、电影、录像和其他容易被复制的数字内容产品。

二、文化创意产业融合发展的方式

目前，信息产业、数字产业、互联网产业、电信产业和传媒产业相互之间互相介入、关联，有着千丝万缕的联系，或者说这些产业间的融合已经初具规模。上述产业间一般存在技术网络平台、产品、市场、产业联盟与合并四个角度的重合。

概括说来，文化创意产业融合主要分为四种方式：一是产品融合，包括产业内产品融合和产业间产品融合，产业内产品融合是指报纸、出版业、电视与网络信息平台融合形成的网络报纸、网络出版、网络电视以及与数字信息平台融合形成的数字电视、移动电视、手机电视等；产品间产品融合是指不同文化创意产业门类之间的产品如影视产品、旅游产品、游戏产品、网络等产品的融合；二是技术融合，例如动漫、网络游戏、手机微信、数字电视等通过新技术的渗透融合形成新的产业；三是需求与市场的融合，消费者可以一站式消费，打破了市场的条块分割。四是企业融合，通过文化、信息、技术、管理等层面的创新，企业间合作、合资、并购重组实现跨产业融合。

（一）技术融合

技术融合源于技术层面并起源于技术变化和发展，并逐渐被定义成不同产业部门共享共通的知识和技术。

技术融合表现在媒体的数字化、IT 技术在电信中的应用、计算机之间的网络连接、有线电视、互联网应用、网上银行、互联网电视等，即一系列媒体得以在不同的平台被消费。随着电子、通信和互联网等信息通信技术的不断创新和发展，媒介融合（传媒融合）、电信融合等技术融合大规模、大范围的出现。电信网、计算机网和有线电视网之间出现了

“三网融合”。

技术融合对文化创意产业的影响主要表现在以下三个方面：第一，以数字技术、互联网技术、信息通信技术为主要特征的现代科技在文化产业领域的应用，产生了新的文化产业形态和种类。例如互联网载体和以 3G 技术为支持的手机载体的出现，带来了网络文化创意产业的多种形态以及手机媒体的多种形态，如手机音乐、手机电视、手机游戏、手机上网、手机支付以及位置服务（LBS）等业务；第二，技术融合促进了传统文化创意产业的产业升级。数字融合技术已成为文化创意产业的核心技术和普遍技术，在数字技术的改造下，基于纸质媒体的图书出版形成新的数字图书、数字化出版；基于胶片的传统摄影、传统电影正在向数字摄影、数字电影发展；广播电视在数字技术改造下形成的数字广播、数字高清电视等。传统演出业由于现代数字技术也呈现新的表现形式如实景山水演出、舞台数字化设计等。如百老汇音乐剧依靠提高科技含量，奇妙绚丽的表演场景、高品质的灯光和音响效果吸引了无数观众，它超越了传统表演艺术，极具艺术感染力；电子产品在数字化技术的改造下形成了许多数字新产品，如数字照相机、数字摄像机、数字录音笔、个人数字助理（PDA）、3G 手机、PS2、PS3 及 BOX 游戏机等；第三，技术融合推动了不同文化行业之间的融合。不仅促进了传统文化产业与新兴文化产业相互转化，也促进了多媒体的融合。这将从根本上改变我们工作、生活和交流的方式，文化创意产业的发展与技术融合带来的上述变化密不可分。

国外企业积极将数字技术应用于各种创意娱乐业。日本的动漫产业、韩国的网络游戏产业等创意产业不仅依靠各种信息技术在竞争中取得了极大的优势，赚取大量的利润，甚至以技术影响了观众的消费习惯。

数字融合整合了电信、信息技术、广播电视等丰富的多媒体产品和服务。例如报纸出版商开始同时提供网络报纸和移动信息服务。互联网技术带来网络融合，移动技术发展带来的 3G 融合，对创意产品的需求构成了推动力，促使新的数字平台与服务模式的出现。

（二）产品融合

“文化创意产品”通常是指劳动者在电影、软件及游戏、出版、广播电视、广告、艺术及工艺、设计、古董、流行设计与时尚等以脑力劳动为主的工作中所提供的产品。其中，电影、广告、游戏等属于无物质载体的文化创意劳动成果；古董、工艺品等文化创意产品属于创意劳动所创造的内容被嵌入到物质载体中的成果。

文化创意产品被国外学者分为三种基本形态，第一，“在地产品”：指某一地区固有的不能移动的旅游景点、历史遗迹等，例如故宫、秦始皇兵马俑等；第二，“在场产品”：指可以在多地得到表现和重复表现的文化产品，如博物馆巡展和各类艺术表演等，如太阳马戏团和歌剧表演等；第三，“在线产品”：指利用电子模拟和数字技术将文化创意产品可以通过网络得以更快速、更广泛的传播，如动漫、网络游戏、电影乃至手机游戏、手机杂志等产品。[①] 随着科技的进步、数字技术的发展，三种形态的文化创意产品都得到了快速的发展，在产品生产、展示、传播等方面发生了翻天覆地的变化。

文化创意产业的产品融合就是以上三种基本形态的融合，包括图书出版、表演艺术、电影电视、艺术品及古董市场、音乐、网络电视（IPTV）、网络游戏、网上书店、电脑软件开发、动画制作、时装及产品设计、时尚、玩具等多种行业的新产品不断涌现和融合，新行业、新商业模式等产业新形态不断增加。

根据文化部出台的《推进文化创意和设计服务与相关产业融合发展的意见》的细则，文化创意产品的融合体现在：文化创意和设计服务与装备制造业、消费品工业的融合对接；文化与科技、旅游融合发展；文化与特色农业有机结合；文化与体育产业融合发展等。着重以文化提升相关产业产品和服务的附加值，以融合发展拓展文化产业发展空间，实现文化产业与相关产业相互促进、共同发展。

---

① 王亚川．文化产业的若干趋势分析［J］．经济前沿，2006（9）．

（三）市场融合

1. 消费终端的融合

消费终端的融合指过去依赖于不同设备获得的服务能够通过更少的设备或一个设备实现一站式服务。例如以往依赖 PC 上网、依赖电视获得视频节目、依赖手机进行通话的不同服务，现在仅通过一部 3G 手机就可以实现一对一或一对多的形式进行通话、接收声音、数据、电子游戏和上网连接；以往的广播电视节目现在也可以通过电脑收听或收看。以往通过电脑上网的服务现在通过手机也可浏览网页。

借助信息化的手段，文学、音乐、广播电视、电影和出版通过与互联网平板电脑、智能手机等不同数字终端相结合，呈现出品种繁多的文化创意产品和丰富多彩的文化创意产业融合发展生态。例如：电视产业内容通过不同的终端如手机、互联网、数字电视机等传递给受众，形成了电视产业的新产业形态手机电视、网络电视和数字电视等。

市场融合的本质是基于需求方对新产品形态和服务的需求，从用户的角度出发。未来的电视、电脑、手机、手持终端和阅读器等都有可能发生融合，消费终端融合形成的新媒体终端的普及，改变了用户对文化创意产品的消费行为和使用习惯。以网络广告为例，它是传统广告产业与互联网产业的融合产物，如今在美国广告市场上，网络广告已经占了美国整个广告市场的大概 10%。伴随着网络报纸、网络电视、网络流媒体的发展，网络广告并开始占领原先报纸、电视和电影的广告市场。

2. 新市场渠道的建立

市场融合的另一个侧面是渠道融合，即将原先网络的单一业务扩大到文字、语音、数据、图像和视频等多媒体的综合业务。融宽带网络、视听媒介与电子终端的融合发展为传统内容开辟了新的传播渠道，也为互动性内容与服务的传播开辟了新的路径。由于现在的网络速度的提高可以满足在网上看电影电视的要求，网络视频得以飞速发展。20 世纪 90 年代，以亚马逊（Amazon）为代表的网上书店引领了美国图书出版、音像出版公司网络销售渠道的盛行，推动了新型的文化产品销售业态的出现和传统产业的网络化变革。

以音乐行业为例，市场融合带来的网络化的变革使任何爱好音乐的人都可以通过宽带和互联网在家中创作和传播自己的作品，创作者直接和消费者联系，这是一种“数字化生产和销售的民主化”，个人计算机可以是一个潜在的作曲和录音棚，在线音乐市场规模不断壮大。网络音乐这一新的音乐形式，是通过网络制作、信息网络传播和交易的电子化音乐。网络音乐中所指的“网络”，不仅包括通常所说的计算机国际互联网，而且包括电信网、移动互联网、有线电视网以及卫星通信、微波通信、光纤通信等各种以 F P 协议为基础的能够实现互动的智能化网络的互联。根据文化部 2014 年发布的《2013 中国网络音乐市场年度报告》，移动互联网和移动智能终端的普及带动了网络音乐的增势现象，网络音乐市场结构呈现出多元化发展态势。截至 2013 年底，中国网络音乐企业为 695 家，市场收入规模达到 74.1 亿元，比 2012 年增长 63.2%。其中，在线音乐市场规模达到 43.6 亿元（包含在线演艺收入），比 2012 年增长 140%。无线音乐市场规模达到 30.5 亿元。在线演艺市场延续了去年的强劲发展势头，截至 2013 年底，在线演艺收入达到 36.7 亿元，占在线音乐市场总规模的 84%。用户方面，2013 年中国网络音乐用户规模达到 4.5 亿，增长率 4.6%。受移动互联网大环境影响，手机音乐用户规模出现飞跃式增长，用户人数由 2012 年的 0.96 亿增长到 2013 年的 2.91 亿，年增长率达 203%。[①] 截至 2015 年 12 月，网络音乐用户规模达到 5.01 亿，较 2014 年底增加了 2330 万，占网民总数的 72.8%。其中手机网络音乐用户规模达到 4.16 亿，较 2014 年底增加了 4997 万，占手机网民的 67.2%。而截至 2016 年 6 月，我国网络音乐用户规模已经达到 5.02 亿，较 2015 年底增加 77 万，占网民总数的 70.8%。其中手机网络音乐用户规模达到 4.43 亿，较去年底增加 2707 万，占手机网民的 67.6%。

---

① 周志军 .2013 中国网络音乐市场规模同比增长 63.2%［N］. 中国文化报，2014-4-11.

案例介绍：腾讯微信于2014年2月中下旬与导购网站美丽说合作建立时尚购物入口，推荐美丽说平台商家的商品，在微信“我的银行卡”频道中开设时尚购物入口，推荐美丽说的流行精品，供微信用户购买。美丽说将成为继嘀嘀打车、易迅、微信电影票之后接入微信“我的银行卡”的电商应用。美丽说、嘀嘀打车皆为腾讯投资的企业，微信在积累了用户之后，整合“腾讯系”电商产品的意图开始逐渐显露。美丽说在2014上半年全面改版团购、特卖频道；投入6000万市场营销费用进行全网引流；投入4000万优惠券，促进顾客购买转化；让利5000万帮助商家在美丽说站内进行精准推广；对商家减免技术服务费等。

（四）企业融合

文化创意产业组织层面的融合主要表现为部门融合、企业融合和集团融合。随着产业界限的模糊和融合，产品竞争、市场竞争日益激烈，文化创意企业外部面临着强大的竞争，内部面临着巨大的发展压力。既要与其他企业的产品竞争，又要不断创新更新自己已有产品。如在电脑、电信、消费电子产品和出版/传媒等产业发生聚合时，产品垄断的范围将会缩小，以前大公司的垄断领先优势不再，而有的小公司、新公司可能抓住重大技术创新机会而一举成为市场新的领跑者并建立市场龙头地位。

因此，为了获取新技术、市场、渠道和其他资产，许多文化创意企业创新组织形式和经营模式，通过战略联盟、合作、合资、并购重组、虚拟企业和无边界企业来实现融合。例如，信息、网络企业开始进入电视、电影和媒体等创意产业中，而注重内容的文化创意企业也积极开始和媒体和通信企业合作。

文化创意企业融合主要体现在企业之间的战略重组、兼并等行为。世界上一些大型的跨国媒介集团开始借助技术平台的融合，通过大规模的并购、重组和联合，尝试从事更为多元的文化产业。文化传媒领域并购活跃。据不完全统计，2013年我国文化创意产业领域发生55起并购事件，涉及电影、电视剧、出版、广告、游戏等子行业，累计资金近400亿元。其中的两起文化企业收购案例引发特别关注。分别是：华谊兄弟以2.52亿元的股权转让价款收购张国立旗下浙江常升影视公司70%的股权，以及索芙特募资12.8亿元拿下《印象·刘三姐》营运方桂林广维文华旅游文化产业有限公司100%股权，均成为业界热点。此外，华谊兄弟收购手游企业银汉科技，将投资目标瞄向了手游市场。[①]新浪、搜狐等互联网企业，盛大游戏、分众传媒等创意企业也都纷纷通过并购来增加他们的市场份额和核心竞争力。截至2014年底，文化产业共发生并购事件159起，并购总规模达1000亿元人民币；2015年，我国文化传媒行业共发生并购事件166起，除两起未透露具体金额外，其他并购总规模达到1499.04亿元，同比增长50%。

综上所述，在产业融合的过程中，文化产业与其他产业之间以及文化产业内部各产业之间的边界逐渐模糊，跨地区、跨行业、跨媒体经营的企业融合成为文化产业发展的重要趋势。伴随着越来越多的电信、互联网企业通过与广播、电影、电视和媒体企业的业务合作，不断地开发新产品，推出新服务，技术融合、产品融合和市场融合的现象屡见不鲜，共同推进了文化创意产业的成长与繁荣。

① 潘洁.2013年文化产业并购重组400亿［N］. 人民网，2013-12-19.

第四章　北京市文化创意产业融合发展的现状及问题

随着科学技术的不断进步和传统文化的不断挖掘，北京丰富的科技资源和厚重的文化资源近年来日益融合在一起，取得了巨大成就，形成了一些新的业态，呈现出一些新的特点和发展态势，并且这种融合正在逐步由自发走向自觉。但是，北京文化创意产业融合发展仍然是不充分的，存在着诸多问题，例如融合的深度尚有欠缺、文化与科技融合的基本工作机制不完善、融合驱动力不足等。本章通过 PEST 分析法对北京文化创意产业现状分别进行宏观和微观的分析研究。

一、北京市文化创意产业融合发展的基础——基于 PEST 宏观分析

PEST 分析是指宏观环境分析，通过总体上对产业所处的宏观环境因素进行把握，常常又被称为一般环境分析，是指影响一切行业和企业的各种宏观力量。不同行业和企业根据自身特点和经营需要，分析的具体内容会有差异，一般应从法律与政治环境、经济与信息环境、社会与人文环境、技术与产业环境这四方面对影响产业发展的主要外部宏观环境进行分析。

文化创意产业融合成长是在内外部因素的共同作用下，因此为了更好地分析创意产业融合成长所处的宏观环境的变化及其对文化创意产业成长的影响，本节将利用环境分析的 PEST 工具，从法律与政治、经济与信息、社会与人文以及技术与产业四个方面分析北京市文化创意产业融

合成长所处的宏观环境。

（一）政治与法律环境

文化创意产业融合发展离不开一定的政策环境。近年来，从中央到地方政府连续出台一系列政策与法规，为文化创意产业与相关产业融合保驾护航。

1. 文化创意产业融合发展的政策环境

（1）国家层面的政策环境

2005 年，《中共中央关于深化文化体制改革的若干决定》提出，要运用先进科学技术促进文化产业发展。积极运用数字、网络等高新技术和现代生产方式改造传统的文化创作、生产和传播方式。

2006 年，《国家“十一五”时期文化发展规划纲要》指出要积极推进文化与经济、科技融合发展，大力提高我国文化自主创新能力，加快文化领域核心技术的研究，创新文化传播方式和手段，推动文化业态更新。

2009 年，国务院常务会议审议通过我国第一部文化产业专项规划，标志着文化产业已经上升为国家的战略性产业。《规划》强调深化文化体制改革，加大政府投入和税收、金融等政策支持文化产业发展。

2011 年，党的十七届六中全会审议通过《中共中央关于深化文化体制改革推动社会主义文化大发展大繁荣若干重大问题的决定》（以下简称《决定》），《决定》指出：“科技创新是文化发展的重要引擎，要发挥文化和科技相互促进的作用。加快科技创新成果转化，提高我国出版、印刷、传媒、影视、演艺、网络、动漫等领域技术装备水平，增强文化产业核心竞争力。”这是中央第一次将文化与科技融合战略写进中央全会的决议。不仅从理论上阐明了“推进文化科技创新”的重大意义，而且确定了具体举措，包括加快核心技术、关键技术、共性技术的公关，建立文化与科技融合示范基地，健全文化技术创新体系等，这为加快推动文化与科技的融合发展提供了政策保障。

2011年，文化部、科技部联合研究制定《国家文化与科技融合联合行动计划（2011—2015）》、起草《关于促进文化与科技融合发展的指导意见》并研究制定“文化与科技融合示范基地”认定标准，为建构促进融合发展的保障体系奠定了基础。

2014年1月22日，国务院总理李克强主持召开国务院常务会议，会议指出，文化创意和设计服务具有高知识性、高增值性和低消耗、低污染等特征。依靠创新，推进文化创意和设计服务等新型、高端服务业发展，促进与相关产业深度融合，是调整经济结构的重要内容，有利于改善产品和服务品质、满足群众多样化需求，也可以催生新业态、带动就业、推动产业转型升级。会议确定了推进文化创意和设计服务与相关产业融合发展的政策措施。

一是加强创意、设计知识产权保护，健全激励机制，推进产、学、研、用结合，活跃知识产权交易，为保护和鼓励创新、更好实现创意和设计成果价值营造良好环境。

二是实施文化创意和设计服务人才扶持计划，支持学历教育与职业培训并举、创意设计与经营管理结合的人才培养新模式，让更多人才脱颖而出。

三是以市场为主导，鼓励创意、设计类中小微企业成长，引导民间资本投资文化创意、设计服务领域，设立创意中心、设计中心，放开建筑设计领域外资准入限制。

四是突出绿色和节能环保导向，通过完善标准、加大政府采购力度等方式加强引导，推动更多绿色、节能环保的创意设计转化为产品。

五是完善相关扶持政策和金融服务，用好文化产业发展专项资金，促进文化创意和设计服务蓬勃发展。

这是继在十七届六中全会《决定》中提出文化与科技融合发展战略之后，中央政府进一步支持推进文化创意产业与相关产业融合发展的决定。

2014年3月14日，国务院发布《推进文化创意和设计服务与相关产业融合发展的若干意见》；3 月 25 日文化部、中国人民银行和财政部联合下发《关于深入推进文化金融合作的意见》。这说明促进文化创意产业与相关产业融合发展正式上升到国家战略的高度。

（2）北京市相关扶持政策

2006 年 11 月，根据《中共中央、国务院关于深化文化体制改革的若干意见》《北京市国民经济和社会发展第十一个五年规划纲要》，为促进北京文化创意产业发展，北京市委宣传部、市发改委等单位研究制定了《北京市促进文化创意产业发展的若干政策》（以下简称《政策》）。《政策》立足于巩固和提升北京作为全国文化中心的地位和功能，立足于为北京文化创意产业的又快又好地发展创造更加良好的宽松环境。北京市财政专门成立文化创意产业发展专项资金，重点用于扶持符合北京市文化创意产业发展总体规划和相关政策的文艺演出、出版发行和版权贸易、影视制作和交易、动漫与网络游戏研发制作和交易、广告会展、古玩及艺术品交易、设计创意、文化旅游等文化创意行业。

2011 年，中共北京市委发布《关于发挥文化中心作用加快建设中国特色社会主义先进文化之都的意见》（以下简称《意见》）。根据北京市文化创新和科技创新的“双轮创新驱动”战略，《意见》明确提出“实施文化科技融合工程，让科技助力文化的大发展”，要“借鉴中关村国家自主创新示范区发展模式，为文化与科技融合提供政策支撑”。“坚持以企业为主体、市场为导向、政产学研用相结合，加快高新技术在文化领域的运用，大力发展新兴文化产业。”

北京市《“十二五”时期科技北京发展建设规划》明确要求：“加强文化与科技的融合，加大科技对文化建设的支撑作用。采用数字、网络等高新技术，大力推动文化业态升级。积极推动下一代广播电视网建设，推进三网融合。加强多媒体技术等在剧院、音乐厅、艺术馆、博物馆等重点文化设施建设中的应用，促进信息化改造和功能升级。推动优秀文化产品的数字化、网络化，不断提高首都特色数字资源库建设的技术水平。”

2012年，北京市推出了《关于金融促进首都文化创意产业发展的意见》。除鼓励金融机构提供多元化服务外,《意见》还提到，将连续四年，每年统筹100亿资金，支持文创产业发展。

中国艺术品研究院院长西沐认为:“文化产业的发展有两个极为重要的推动力：一个是科技进步，特别是基于通信技术、互联网技术及信息管理与处理技术融合对文化艺术资源的整合作用；另一个是金融推动，特别是文化艺术金融产业的发展对文化艺术资源的聚合作用。”北京市文化创意产业有了科技创新和金融资本的支持，无疑具有了得天独厚的发展环境。

北京市文化创意产业政策层面，2015年4月，北京市人民政府印发《北京市关于推进文化创意和设计服务与相关产业融合发展行动计划（2015—2020年）》。为进一步加强全国文化中心、科技创新中心建设，更好适应文化创意和设计服务在经济社会各领域各行业呈现出的多向交互融合发展态势，加快构建“高精尖”经济结构。预计2020年，在《行动计划》的影响下，北京市将基本形成文化创意和设计服务与相关产业高水平、宽领域、深层次的融合发展格局。

2016年,《北京市国民经济和社会发展第十三个五年规划纲要》（以下简称《纲要》）发布，在着力建设全国文化中心方面,《纲要》指出要大力促进文化与科技融合。加强重点文化创意产业功能区建设，发挥好市级文化创意产业示范园区的引领带动作用，以中国北京出版创意产业园区、国家文化产业创新实验区、国家对外文化贸易基地（北京）、中国乐谷、中国（怀柔）影视产业示范区等为支点，发挥科技、文化融合带动作用，提升产业附加值和功能区内涵，形成文化创意产业与科技、金融、旅游等相关产业高水平、深层次、宽领域的融合发展格局。积极培育以数字内容、新媒体等为主体的文化科技融合产业，有效扩大和引导文化消费。

总体来讲，北京市文化创意产业“1+X”政策体系更加完备。近年来，以2011年《关于发挥文化中心作用加快建设中国特色社会主义先进文化之都的意见》为统领，北京市出台了《关于金融促进首都文化创意产业发展的意见》《北京市工商行政管理局关于支持文化产业创新发展的工作意见》等一系列促进文化创意产业发展的政策文件。特别是2014年出台了《北京市文化创意产业功能区建设发展规划（2014—2020年）》《北京市文化创意产业提升规划（2014—2020年）》和《北京市人民政府关于促进文化消费的意见》，2015年出台了《北京市推进文化创意和设计服务与相关产业融合发展行动计划（2015—2020年）》，"1+X"政策体系更加完备，北京文化创意产业发展的总体政策框架基本形成。

2. 文化创意产业融合发展的法律环境

经过多年的努力，我国的文化产业法制建设开始走上了制度化、规范化的轨道，目前，在文化领域我国制定了两部法律:《文物保护法》和《著作权法》，初步做到了"有法可依""有章可循"。

然而，在现有文化立法中，文化管理方面的立法数量居多，而文化产业发展方面的立法还很欠缺，我国类似《文化产业促进法》的法律法规尚未制定。文化产业各行业的发展，除《文物保护法》和《著作权法》有少部分内容涉及文化产业外，基本上缺乏专门的国家法律支撑。

目前，文化产业的规范和管理仍主要依靠国务院发布的行政法规，以及大量法律层级和效力都较低的部门规章及规范性文件。如《电影管理条例》《广播电视管理条例》《出版管理条例》《营业性演出管理条例》《娱乐场所管理条例》《音像制品管理条例》等。在进入文化产业领域方面，中国加入世贸组织后，凡外资准入的文化产业的领域原则上同时视为国内非国有资本也准入。

有一些较早出台的行政法规已不适应当前文化产业的快速发展，例如，2003年文化部颁布的《关于支持和促进文化产业发展的若干意见》，虽然提出了逐步放宽市场准入政策的原则性意见，但从法制的角度看，现行法规在一定程度上禁锢国内演出市场的规定并没有改变，国内演出市场的发展和繁荣仍缺乏法律的保障。

文化产业与其他产业融合发展过程中产生的法律问题解决方法以及行政监管领域还尚属空白，直接负责的行政管理机构不明确。在行政许可方面，对文化产业的行政许可行为处于无序、混乱的状态，在行政许可的设定、程序、时限、效力、标准、条件、监督等方面也存在许多问题，有待进一步规范。文化产业法制环境建设亟待加强。

以文化产业融合产生的新业态——数字出版业为例，我国目前还未出台专门的数字版权保护法，有关的法律依据除了 2001 年修订的《著作权法》和 2006 年颁发的《信息网络传播权保护条例》，其他还有《互联网出版管理暂行规定》《互联网著作权行政保护办法》《最高人民法院关于审理涉及计算机网络著作权纠纷案件使用法律若干问题的解释》等法规和解释。但现有的法律体系已经明显不适应网络技术的发展，其中涉及很多问题都为数字版权的保护带来困惑。

就北京市文化创意产业发展的法律环境而言，近年来，北京在加强知识产权保护方面采取了诸多措施。建立了一套比较完善的知识产权保护服务体系，取得了较好的成效。

2006 年 12 月，北京市统计局与国家统计局北京调查总队联合正式发布《北京市文化创意产业分类标准》，这一标准将文化创意产业定义为："以创作、创造、创新为根本手段，以文化内容和创意成果为核心价值，以知识产权实现或消费为交易特征，为社会公众提供文化体验的具有内在联系的行业集群。"这一定义是从产业链的角度界定了文化创意产业的概念，同时强调了知识产权的重要性。

2007 年 12 月北京市知识产权局负责，市版权局、市工商局协办，完成了《北京市文化创意产业知识产权保护和促进办法》；北京积极完善文化创意产业的市场服务体系，北京产权交易所、国际版权中心及时发布项目，帮助企业寻找合作伙伴，促进文化创意产业化发展，等等。这一系列知识产权措施，促进了北京文化创意产业的进一步发展。

2015 年，在相关政策带动下，最高人民法院知识产权案例指导研究

（北京）基地在北京知识产权法院挂牌成立，国家知识产权局同财政部以市场化方式开展知识产权运营服务试点，推动在北京建设全国知识产权运营公共服务平台，北京文化创意产业的知识产权服务保护环境不断优化，知识产权服务保护平台不断建立健全。

然而，北京市文化创意产业法律法规的出台仍旧滞后于产业的发展，对文化产业与科技融合发展过程中产生的新业态还缺少相对应的法律保护。

（二）经济与信息环境

1. 北京文化创意产业发展水平居全国领先

北京市是全国文化创意和设计服务业发展的“排头兵”。近年来北京市文化产业发展呈现文化贸易稳步扩展、文化消费持续增长、产业集聚日益突出的特点，文化创意产业持续健康快速发展。

“十一五”期间，北京市文化创意产业创造的增加值由2005年的674.1亿元增至2010年的1697.7亿元，年均增速20.3%，超过全市地区生产总值年均增速5.1个百分点；增加值占全市GDP比重由2005年的9.7%提高到2010年的12%，共提高了2.3个百分点。

“十二五”期间，文化创意产业进一步发展，2012年，全市文化创意产业收入首次突破1万亿元，实现增加值2189.2亿元，占GDP比重达12.3%。2013年北京市文化创意产业实现增加值2406.7亿元，增速为9.1%，高于GDP将近1.5个百分点，居于全国各省区市首位。全市规模以上文化创意企业实现收入10022亿元，同比增长7.6%，目前文化创意产业作为北京市支柱产业已经排到了第二位。2015年全市规模以上文化创意产业收入合计13451.3亿元，同比增长14.0%；资产总计20140.2亿元，同比增长20.6%；从业人员122.3万人，同比增长6.2%。2015年全市文化创意产业实现增加值3179.3亿元，占地区生产总值的比重达到13.8%，比上年提高0.6个百分点，在全国占比最高。①

① 数据来源：《北京文化创意产业发展白皮书（2016）》，中国经济网，2016-11-22.

“十三五”期间，根据《北京市“十三五”时期文化创意产业发展规划》，到2020年北京文化创意产业增加值占北京市GDP比重，力争达到15%左右，成为支撑首都经济创新发展，构建“高精尖”经济结构的重要引擎。文化创意产业功能区创造的文化创意产业收入将占全市产业收入总额80%以上，“文化+”产业多元融合发展格局将初步形成。

另外，根据中国人民大学文化产业研究院公布的中国省区市文化产业发展指数（2012）研究结果显示，北京以79.5分的“总成绩”位列综合指数榜第一名。这是该指数自2010年发布以来，北京连续第三年位居综合指数第一名。中国人民大学文化产业研究院执行主任彭翊介绍，中国省区市文化产业发展指数来自公开的年鉴资料、学术文献和政府数据，以及历时5个月，对6.8万企业负责人和市民的调查。它具体包括生产力指数、影响力指数、驱动力指数三大指标体系，它们分别表现了要素投入和资源禀赋；经济效益和社会效益；市场环境和创新能力。在三大指标体系中，北京、上海、天津分别位居生产力指数、影响力指数和驱动力指数第一名。而更令人欣喜的是，北京的驱动力指数从2010年的69.9上升到2012年的77.7，这表明北京的市场环境和创新能力相较三年前又有了很大改善和提高。见图4–1、4–2、4–3：

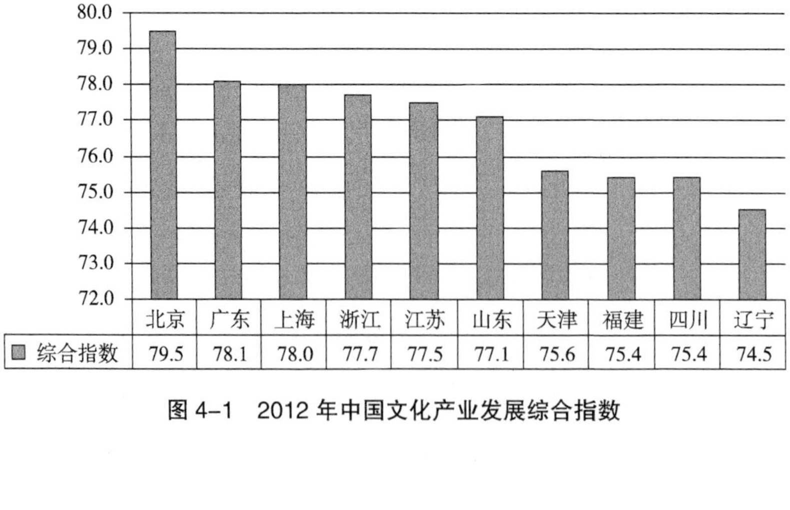

图4–1　2012年中国文化产业发展综合指数

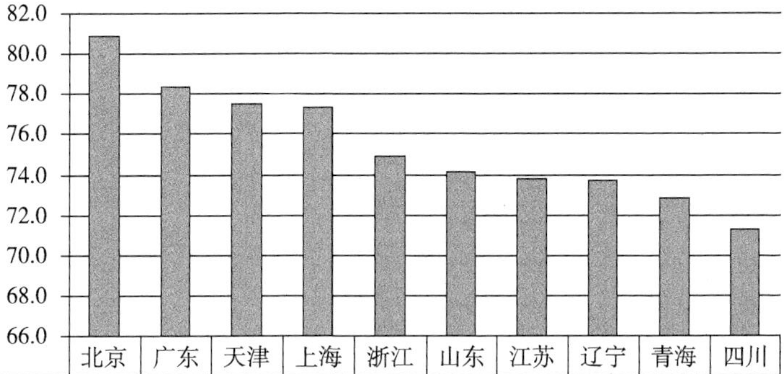

	北京	广东	天津	上海	浙江	山东	江苏	辽宁	青海	四川
生产力指数	80.9	78.4	77.5	77.3	74.9	74.1	73.8	73.7	72.8	71.3

图 4-2　2012 年中国文化产业生产力指数

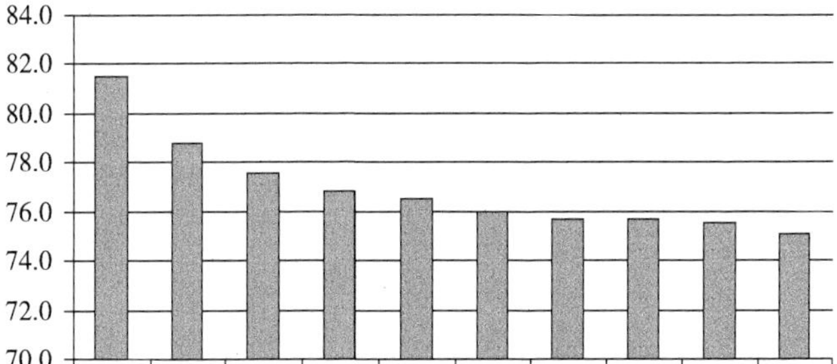

	天津	北京	四川	福建	山西	辽宁	宁夏	江苏	吉林	广西
驱动力指数	81.5	78.8	77.6	76.8	76.5	76.0	75.7	75.7	75.5	75.1

图 4-3　2012 年中国文化产业驱动力指数

图 4-1、4-2、4-3 数据来源：中国人民大学文化产业研究院 http：//www.ccdy.cn/zhuanti/2013zt/wenhuachina/

2. 文化消费潜力巨大

按国际经验，当人均 GDP 达到 3000 美元的时候，文化消费可以快速增长。当接近或超过 5000 美元的时候，文化消费则会出现井喷，文化产业高度发达的欧美国家，文化消费已经占到家庭消费的 30% 左右，对其他行业会产生显著的拉动作用。2012 年我国人均 GDP 达到了 13727 美元，文化产业消费总收入已经突破了万亿大关，文化消费进入快速增长期。

一方面，按常住人口计算，2012 年北京人均 GDP 达到 13797 美元，依据世界银行划分各国贫富程度的标准已达到中上等国家水平，同时也到了文化消费的爆发期。另一方面，北京市作为全国文化中心，拥有丰富的文化市场资源，较为健全的文化市场体系，庞大的文化消费群体等不可比拟的文化优势，文化消费拓展空间巨大。根据中国人民大学和文化部文化产业司联合发布的2013年中国文化消费指数数据，北京文化消费环境指数高于上海、浙江、广东等省份，位于全国首位。见图4–4：

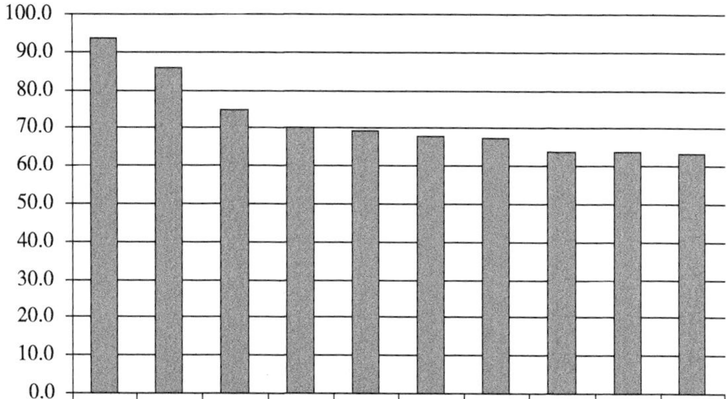

	北京	上海	浙江	广东	天津	江苏	福建	山东	重庆	湖北
■ 文化消费环境分指数	93.7	85.6	74.8	70.4	69.3	68.1	67.3	63.9	63.7	63.5

图4–4　我国文化消费环境指数

数据来源：中国人民大学文化产业研究院　http：//www.ccdy.cn/zhuanti/2013zt/wenhuachina/

然而，据调研数据测算，我国文化消费潜在规模为47026.1亿元，占居民消费总支出30.0%，但当前实际文化消费规模为10388.0亿元，仅占居民消费总支出6.6%，存在36638.1亿元的文化消费缺口。潜在文化需求未得到有效满足，我国文化消费存在着巨大的市场空间。

近年来，北京文化产业发展迅速，2012年产业总收入突破1万亿元，占GDP比重仅次于金融业，成为排名第二的支柱产业。但和“文化GDP”突飞猛进相比，文化消费却显得相形见绌，首都文化消费的潜力远未释放，对全市经济发展拉动带来的作用还没有显现出来。2011年，北京文化消费人均只有2136元，占家庭总收入不到10%，在美国和西欧一些国家，这一数据达到30%。即使在国内，上海2011年人均文化消费也达2461元，相比来说，北京的文化消费市场，仍有很大挖掘空间。2012年，北京市全年实现社会消费品零售额7702亿元，同比增长11.6%，其中书报杂志类消费品仅实现零售额124.9亿元，体育娱乐用品类零售额89.2亿元，显示文化消费在全市社会消费品中所占比重与首都全国文化中心的地位不相称。见图4-5：

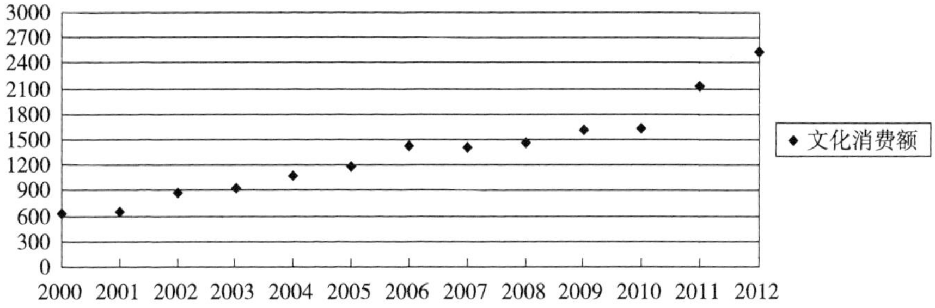

图4-5　2000—2012年北京人均文化消费额

数据来源：根据国家统计局网站数据整理。

如图4-5所示，2000—2012年北京居民人均文化消费额历年稳步增长，但2000—2010年间增幅不大，从2011年开始，人均文化消费水平大幅提升，尤其是到2012年人均文化消费支出超过2500元，尽管较发达国家相比还有较大差距，但随着文化产业的发展，文化市场的日益成熟，以及对文化消费的培育，北京的文化消费潜力正在释放。

为促进文化创意产业的长足发展，在提升文化产品供给质量、增强产业发展动力、创新产业发展模式的同时，北京市从需求侧出发，坚持"文化、消费、惠民"三位一体，进一步扩大首都文化消费，增强文化消费市场活力，推动文化消费方式创新。

大政策支持力度，延伸文化消费渠道。2015年，北京市修订完善《北京市惠民低价票演出补贴项目管理办法》，将低价票补贴工作列入市政府为民办实事项目，实行低价票演出补贴剧场范围达到31个，同比增长24%，全年共补贴演出931场，同比增长21%，补贴低价票19万张，同比增长50%以上，补贴金额达2200万元，同比增长48%，低价票演出补贴有效释放了首都市民文化消费潜力。2015年，北京市海淀区作为文化部、财政部联合开展的“2015年拉动城乡居民文化消费东部试点项目”启动，通过线上线下方式，搭建文化消费信息集成服务平台，延伸首都文化消费渠道。

持续举办北京惠民文化消费季，助推文化消费方式创新。2015年8月至11月第三届北京惠民文化消费季举办期间，累计消费人次4857.41万，较上届增长28.8%；消费金额112.1亿元，较上届增长10.1%。在取得经济效益和社会效益双丰收的同时，消费季充分体现了“互联网+”的时代趋势，网上文化消费明显增长。消费季期间，连续三个月在网上推出文化消费促销活动，京东等19家电商平台参与消费季活动，网上消费人次达4145.2万，消费金额55.67亿元，占消费总额的49.7%。消费季期间还注重通过“文化+科技”激发市场新活力，将虚拟现实、4D影像等新技术深度融入消费者文化体验之中。作为整合全市资源、促进全市文化消费的重要手段和品牌活动，经过三年连续举办，惠民文化消费季已经成为彰显首都文化魅力、释放文化产业活力、促进全市文化消费的重要平台。

加强京津冀跨区联动，拓宽文化消费市场空间。2015年惠民文化消费季专门设立“京津冀一体化”内容，举办京津冀名家作品联展，承德鼎盛文化产业投资有限公司、河北保定梆子团、天津文化产业协会、河北文化产业协会等相关机构积极介入北京惠民文化消费季，通过门票优惠、联合展演等方式进一步强化了京津冀地区文化消费的跨区域联动。北京文惠卡的品牌影响力进一步提升，承德市文化企业签约加盟，两地文化消费实现共同促进，互惠互利。

3. 文化科技融合产生的新型文化业态发展迅速

十八大报告正式将“新兴文化业态”一词改成“新型文化业态”，这表明文化和科技融合产生的新型文化业态已经基本成型，并正在快速发展。科技与文化融合发展效果明显，为文化创意产业发展注入了新活力，催生了一批新兴文化创意企业，有力地带动了文化创意产业的发展。北京文化创意产业收入已突破 9000 亿元。

2012 年 12 月，北京市政府召开专题会议，研究《关于实施“双轮驱动”战略加快推进文化科技融合发展的意见》和《北京市推进文化和科技融合发展三年行动计划（2013—2015）》，指出推动文化科技融合发展，实现科技创新、文化创新“双轮驱动”是由首都功能定位决定的重大战略，是加快转变经济发展方式的关键抓手。

2015 年 12 月北京市发布《文化创意及相关产业分类》地方标准。与《文化创意产业分类》旧标准相比，新标准吸收、增加了国家文化产业标准中的部分内容，将与全国文化中心的城市功能定位相关性较强的行业纳入其中，删减了旧标准中北京市重点疏解行业类别，特别是体现了文化创意产业与其他产业融合发展的新趋势。新标准强化“产业集群”概念，强调文化、技术和经济的深度融合，其范围既包括文化产业的全部内容，也包括科技创新、投资管理等新兴融合业态内容，体现出文化与科技、旅游、金融等产业融合发展特征。2015 年举办的“北京市文化融合发展项目合作推介会”涉及的项目涵盖文化科技、数字非遗、动漫游戏、文化旅游、网络教育、文化体育等多个行业，签约项目总额达 11.25 亿元。

北京市依托科技资源，涌现了一大批以软件、网络和计算机服务为制作和传播手段、以提供文化产品和文化信息服务为经营内容的数字文化内容产业（网络传媒、数字出版、动漫游戏业、数字影视业、创意设计业等），这些产业是科技文化融合最显著成果和最具发展潜力的文化创意产业门类，使文化创意产业业态不断优化；仅海淀区文化创意产业企业总量就超过 3.3 万家，超 10 亿元的企业有 40 家，涌现出百度、新浪、搜狐、乐视、优酷、开心网、方正、水晶石、数码视讯、新奥特等一批行业龙头企业，企业集群日益壮大；产业规模效益逐步显现。

互联网正在革新文创企业传统的生产模式。以移动和大数据为代表的新互联网时代已经到来，以阅读为例，移动阅读已经无处不在，这迫使传统文创企业去升级自己的生产方式，否则只会被淘汰出局。另外，网络游戏等新兴业态增势迅猛，催生与电影等文娱业联动发展新模式。

以游戏产业为例，游戏带动其他产业发展一向成绩斐然。《中国游戏产业报告》显示，仅2011年，电信业务受PC网游带动产生的直接收入465.98亿元人民币。IT行业达155.4亿元人民币。北京日报特别指出网游对文化产业9000亿元收入的贡献，各级地方政府根据“十二五”规划所提出大力发展文化产业的要求，为扶持中国游戏产业行业发展，设立了各种扶持政策。游戏产业与电影和其他文化创意产业门类的结合之重要性可见非同一般。见图4-6：

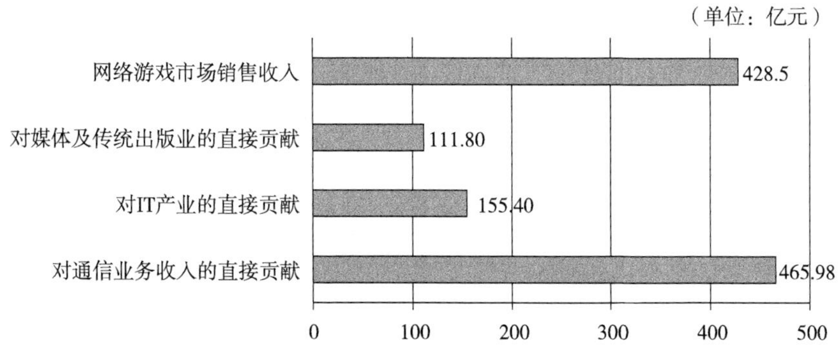

图4-6　网络游戏对相关产业的贡献（2011年）

数据来源：中新网

游戏产业具有创意、文化、娱乐等综合属性，呈现全方位态势，科技发展更将游戏行业推向前台。国产原创网游《画皮2》首次应用的“三屏合一”模式，为用户提供了电影、网游、手机游戏等多种娱乐形式，优势互补。同时，在文化传播方面，网游也是寓教于乐的有效手段。2011年，中国游戏产业实际销售收入466个亿，近四倍于电影产业。2014年，中国游戏市场（包括网络游戏市场、移动游戏市场、单机游戏市场等），实际销售收入达到1144.8亿元人民币，比2013年增长了37.7%。2016年，中国游戏市场实际销售收入达到1655.7亿元，同比增长17.7%，增长率相对上年有所放缓，但销售收入增量保持稳定。游戏产业近10年来保持高速增长态势，尤其是影游融合在文化产业中处领先地位。

另外，“十二五”期间北京要通过旅游业与一、二、三产业的融合发展来把旅游业培育成战略性支柱产业。推动旅游业与农林牧渔等第一产业融合发展，重点发展乡村旅游；推动旅游业与第二产业主要是工业融合发展，大力发展旅游装备制造业；推动旅游业与第三产业主要是现代服务业融合发展，积极发展旅游新业态。

2015年，各区依托自身资源，大力推进文化创意与相关产业融合发展。东城区依托丰富的文化旅游资源和骨干企业，借助一批有影响力的文化旅游品牌，旅游业态与文化创意、设计服务的融合效应显现，2015年区内旅游、休闲娱乐业规模以上收入23.2亿元；延庆区通过承办北京国际马球公开赛等系列体育赛事，大力发展以体育为特色的旅游休闲文化产业，2015年区内旅游、休闲娱乐业规模以上收入8.2亿元。

2015年举办的“北京市文化融合发展项目合作推介会”涉及的项目涵盖文化科技、数字非遗、动漫游戏、文化旅游、网络教育、文化体育等多个行业，签约项目总额达11.25亿元。总之，文化与科技融合产生的新业态将不断激发新的文化消费需求；差异化的产品和服务将推动文化消费由单一向多元化发展，促进北京文化创意产业发展。

4. 文化与金融融合：投融资服务体系更加健全

针对文化创意企业“轻资产”特点，北京市坚持问题导向，进一步完善机制，拓宽渠道，健全文化投融资服务体系，有力推动文化创意产业与资本全面接轨，着力破解文化创意企业“融资难、融资贵、融资慢”的难题。

在全国率先创建文化投融资服务体系。作为北京文化创意产业投融资平台，北京市文投集团发展迅速，文化“投、融、担、贷、孵、易”服务体系不断健全，服务效能持续释放。

2015年北京市文化创意产业投资基金管理有限公司募集子基金增至16只，总规模近150亿元；与房山区政府共建文创基金小镇，入驻基金公司54家，管理资本近千亿元。成立北京市文化中心建设发展基金管理有限公司，出资8亿元设立首期规模为200亿元的文化中心建设发展基金，年内募集资金规模25.75亿元。吸引央企金融资本投入首都文化创意产业，2015年，北京市文投集团与光大资本投资有限公司设立300亿元人民币规模的文资光大产业基金。探索混合所有制改革，设立影都文化投资发展有限公司，打造首都影视产业投资的新平台。北京市文化科技融资担保有限公司自2013年成立至2015年底累计为145家文化企业担保，总担保金额为25亿元，其中为民营企业担保金额占比92%。

北京市文化科技融资租赁股份有限公司自2014年成立至2015年底，共投放49个项目，投放金额40.56亿元，其中为非国有项目投放金额占比52%。北京文化创新工场建设“管家式”和“文化金融超市”全要素服务体系，形成车公庄示范区为核心，包括万开、经济日报社等7个合作基地的“一核心多基地”格局。此外，在全国率先建立针对文化创意企业的统贷平台，设立了1.5亿元文化创意产业风险补偿金，试点开展文化融资风险补偿业务。

2015年12月，北京文化产权交易中心正式上线。北京文化产权交易中心由北京市文投集团控股，联合中国文化产业发展集团等国有文化企业出资成立，建立以国有文化产权交易为基础，集各类文化资产交易和权益流转服务于一体的全国文化要素市场和文化金融创新综合性服务平台。

创建国家文化金融合作试验区。北京市文资办与文化部、人民银行北京营管部加强会商，初步形成首都文化金融合作试验区创建方案，明确四至范围和建设格局，拟规划“文化要素市场、文化产品与金融服务创新、互联网文化金融”三个特色示范区，鼓励先行先试一批文化金融政策，创新一批文化金融产品，形成一批文化金融机构集聚区，为服务京津冀协同发展提供文化金融创新系统支撑。

5. 数字北京：文化创意产业融合发展的信息环境

2006 年，北京发布《北京市“十一五”时期国民经济和社会信息化发展规划》，提出围绕加快首都信息社会建设、全面建设数字北京的战略目标。据国家统计局发布的《中国信息化水平评价研究报告》显示，2008 年，北京信息化水平总指数为 72.46，名列全国省区市第一位；2009 年，北京信息传输、计算机服务和软件业的地区生产总值达 1107.5 亿元，比上年增长 14.5%。2015 年，北京信息传输、计算机服务和软件业的地区生产总值达 2372.7 亿元，比上年增长 12%。

北京信息通信技术飞速发展，全市已拥有光纤、数字微波、卫星、移动通信、数据通信、互联网等世界上最先进的信息通信技术手段；长途传输、电话交换和移动通信已实现了数字化，形成了以光缆为主、卫星和数字微波为辅，覆盖全区、连接世界的现代化立体信息通信平台。

北京的信息基础设施发展迅速，城市信息网络建设实现了跨越式发展：无线网线和宽带网络发展迅速，广播电视“村村通”工程进展顺利。2008 年有线电视入户率达到 81%，数字电视用户达到 192 万户，农村有线广播电视用户数达到 56.58 万户；截止到 2016 年，歌华有线注册用户已达 570 万户家庭，高清交互用户达 468 万户，歌华有线公司全力实施“互联网 +”战略、“宽带广电”战略、“广电 +”行动计划，推进三网融合和智慧北京建设的创新探索。

根据中国互联网络信息中心最新发布的第 33 次《中国互联网络发展状况统计报告》数据显示，我国网民规模达 6.18 亿，全年共计新增网民 5358 万人。互联网普及率为 45.8%，较 2012 年底提升 3.7 个百分点，整体网民规模增速保持放缓的态势。北京市民应用信息技术的意识和能力不断提升，数字化生活方式逐渐普及。北京市网民数量由 2005 年的 428 万人提高到 2013 年的 1556 万人，同比增长 6.7%，互联网普及率为 75.2%，在全国排在第一位。见图 4–7：

根据 CNNIC 发布的第 39 次《中国互联网络发展状况统计报告》，截至 2016 年 12 月，中国大陆 31 个省、自治区、直辖市中网民数量超过千万规模的有 26 个，与 2015 年持平。其中，北京网民规模最大。2016 年，北京市网民数量为 1690 万人，互联网普及率为 77.8%。见表 4-1：

图 4-7　2009—2013 年年末北京市固定互联网宽带接入用户数

数据来源：中商情报网（http：//www.askci.com）

表 4-1　我国网民规模及互联网普及率城市排名

省份	网民数（万人）	2016. 12 互联网普及率	2015.12 互联网普及率	网民规模增速	普及率排名
北京	1690	77.8%	76.5%	2.6%	1
上海	1791	74.1%	73.1%	1.0%	2
广东	8024	74.0%	72.4%	3.3%	3
福建	2678	69.7%	69.6%	1.1%	4
浙江	3632	65.6%	65.3%	1.0%	5
天津	999	64.6%	63.0%	4.5%	6
辽宁	2741	62.6%	62.2%	0.4%	7
江苏	4513	56.6%	55.5%	2.2%	8
山西	2035	55.5%	54.2%	3.0%	9
新疆	1296	54.9%	54.9%	2.7%	10
青海	320	54.5%	54.5%	0.8%	11
河北	3956	53.3%	50.5%	6.0%	12
山东	5207	52.9%	48.9%	8.7%	13

数据来源：第 39 次《中国互联网络发展状况统计报告》。

信息素养是人们必备的一种对信息社会的适应能力，它直接影响到一个人的学习能力与竞争能力。

北京市的信息基础设施以及发达的信息通信技术，较高的互联网普及率以及逐年递增的市民信息素养，为北京文化创意产业的跨越式发展奠定了坚实的科学基础、技术保障和人才储备，确保了文化创意产业融合产生的新业态的文化产品传播渠道的畅通，极大地推动了新兴数字技术支持的新媒体信息产业的内容创新和产品创新，以数字化等高新技术促进文化的产业化、改造传统文化生产流通方式，带动了整个文化创意产业的全面提升。

（三）社会与人文环境

社会文化资源体现着各个民族独特的思维方式和文化价值，是人类文明的重要载体，文化创意产业的发展离不开对一定文化资源的使用和开发。我国是一个文化资源大国，却是文化产业小国，原因在于对我国优秀文化资源的开发和利用不够。文化创意产业融合发展的过程中，必须把文化资源所蕴含的经济价值通过各种方式体现出来，形成社会财富。

1. 丰富的历史文化资源与当代创意结合

作为全国文化中心，北京 3000 多年建城史和 800 多年建都史为我们留下了极为丰富的历史文化，这些传统文化经过创意的催化，形成了独具北京特色的文化旅游、影视作品、文艺表演、年节活动、现代手工艺等文化创意精品项目和产品，极大地丰富了北京文化创意产业的内涵。

现在，人们越来越意识到保护古城、传承和发展传统文化的重要性。因此，以故宫、长城、胡同、四合院、京剧、景泰蓝、烤鸭等为代表的传统京味文化，在新的形势下，获得了新的发展空间。同时，人们也逐渐意识到，传统文化资源并非一定能够变成经济与文化实力，只有与当代创意融合，借助文化创意产业对传统文化资源的再创造，把握其精髓和神韵进行合理开发，才会产生具有深厚文化底蕴的文化产品，促进文化创意产业的发展，反过来又会推动传统文化的传承和发扬光大。

近年来，北京利用互联网、动漫游戏等新兴文化产业与传统文化资源相结合，对传统文化的表现形式进行创新已初见成效。例如：应用动漫等新手法演绎京剧，将京剧艺术与动漫结合是促进京剧发展的一个新手段。动漫是大众喜闻乐见的一种艺术表现形式，尤其深受青年喜爱，将京剧的故事情节、美学元素和文化内涵等以动漫形式重新创造，可以让人们在轻松愉快中欣赏京剧唱腔之美、形式之美，引发人们对京剧的兴趣，从喜欢到传承。

北京历史悠久，文物古迹众多，对旅游者有着很大的吸引力，故宫、长城、颐和园、天坛、十三陵这些世界文化遗产是中外游客到北京旅游的首选地点。北京充分利用自身的文化资源，通过创意将文化与旅游融合，大力发展文化旅游，用传统文化带动旅游，以旅游促进传统文化的发展，目前已初步形成了一些具有特色的文化旅游区域与线路，将独具魅力的传统文化与丰富多彩的当代文化相结合，形成北京文化旅游的知名品牌，如“胡同游”。

2. 文化创意产业人才是产业融合的推动力

文化创意产业融合是集文化、创意、知识和技术高度关联的产业，由此决定，创意产业融合所涉及的产品融合、市场融合或者企业融合都与人才密不可分，是一种极其依赖管理者的心智能力的活动，需要既懂经营、懂文化，又懂技术特点的领军人物。因此，人才资本是创意产业融合最核心的生产要素，能否拥有大量的各类创意人才，将成为夺取创意产业发展制高点的决胜因素。

北京市文资办主任周茂非在总结北京文化产业发展经验时表示，人才是文化产业的创造者、经营者。优秀的文化人才是文化产业融合发展的推动力。文化产业领军人物必须是复合型人才，既要懂经营，又要懂文化；既要掌握国内需求，又要了解国际市场。尤其是在跨界融合将成为文化产业发展新趋势的情况下，对文化产业领军人物以及从业人员的素质要求也会变得更高。

北京作为全国科技创新中心，其科技、教育、文化资源丰富，积聚了各类科技研发及创意人才。“十一五”期间北京文化创意产业从业人员年均增长8%，2011年年底达到140.9万人，2012年底达到152.9万人，其中创作、策划、管理和投资经营等方面的人才种类不断丰富，层次有所提升。大部分就业者在文化创意产业新业态相关的软件、网络及计算机服务业工作，达69.8万人，占总数的46%，将近从业总人数的一半；从事艺术品交易行业人员最少，只有2.8万人，占2%。参见表4-2和图4-8。

表4-2　文化创意产业从业人员平均人数（2010—2012年）

文化创意产业从业人员平均人数（单位：万人）		
2010年	2011年	2012年
122.9	140.9	152.9

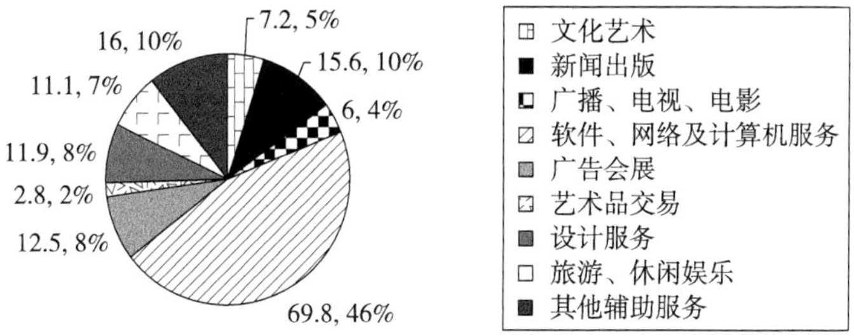

图4-8　2012年北京市文化创意产业各行业吸纳从业人员数（单位：万人）

数据来源：根据《北京统计年鉴2013》数据整理。

2015年，北京市文资办与北京双高人才发展中心进行战略合作，设立北京文创双高人才发展中心，搭建起文化创意领域的专业化人力资源服务平台。北京市文化创意产业人才培养基地建设持续加强，高层次、复合型产业人才培养作用进一步彰显。[①]但是，要构建创意之都，北京同样遭遇人才瓶颈，相比纽约、伦敦、东京等文化创意产业繁荣城市，北京市文化从业人员占全市总从业人员的比例仍然较低，据统计，北京

① 数据来源：《北京文化创意产业发展白皮书（2016）》。

的创意人才只占全市从业人员的 1%，而纽约为 12%。人才不足严重制约了首都文化事业的持续发展。以动画及多媒体行业为例，虽然相应的动漫教育机构、动漫人才数量迅猛增长，但是动漫产业的发展仍出现人才告急的现象。据了解，业界需要的人才是 15 万 ~ 20 万人，而每年能够提供的合格人才仅为 1 万人左右，随着动漫产业的发展壮大，这个缺口还会不断加大。因此，尽快集聚大批优秀的创意产业人才成为当务之急。

针对这一问题，北京专门开设文化产业高级人才研修班，建设文化创意人才基地，希望为文化产业领军人才发展创造良好的环境和氛围。

3. 文化创意产业协会对产业融合有促进作用

产业协会是社会中介组织和自律性产业管理组织。产业协会是联系政府和企业的桥梁、纽带，在产业内部发挥服务、自律、协调和监督作用，同时又是政府的参谋和助手，承担着一定的自律性产业管理职能。

随着文化市场的日渐饱和，文化产业竞争日趋激烈，各种问题层出不穷，极大地制约了整个产业的发展。随着这些文化产业新问题的不断出现，文化主管部门无法集中有限的资源和精力进行研究，政府与企业之间的距离拉大，产生了沟通障碍，也导致了一些非管理性职能严重弱化，亟须其他主体介入接受相关职能转移。文化创意产业各行业协会及行业自律组织对文化产业市场管理发挥着重要的功能作用，有助于文化企业之间的合作与融合发展。

2013 年，北京市这类组织有近 30 家（见表 4–3），有效推动了文化创意产业融合的快速健康发展。

表 4–3　北京市文化创意产业相关行业协会名录（2013 年）

序号	行业协会名称
1	工艺美术行业协会
2	北京软件行业协会

续表

序号	行业协会名称
3	北京市广告协会
4	北京国际会议展览业协会
5	北京工业设计促进会
6	北京拍卖行业协会
7	北京动漫游戏产业联盟
8	北京体育休闲产业协会
9	中关村手机动漫产业联盟
10	北京演出行业协会
11	北京电影协会
12	北京市电影发行放映协会
13	北京电影家协会
14	首都广播电视节目制作业协会
15	北京电影艺术家协会
16	北京多媒体行业协会
17	中国软件行业协会游戏软件分会
18	北京影视动画协会
19	北京服装纺织行业协会
20	北京市出版工作者协会
21	北京版权保护协会
22	北京书刊发行业协会
23	中国手机游戏开发商联盟
24	新传媒产业联盟
25	北京中关村自主品牌创新发展协会
26	北京市旅游行业协会
27	北京市朝阳区创意产业协会
28	北京市海淀区创意产业协会
29	北京市昌平区文化创意产业协会

2015年6月，首都文化产业协会正式成立，为文化企业搭建起交流展示、信息共享、合作发展的平台，首批会员单位包括保利文化、北广传

媒、光线传媒等知名文化企业300余家。文化“走出去”平台建设成效明显。2015年，中国（北京）国际文化创意产业博览会、北京国际图书博览会、北京国际电影节等大型国际文化会展的“走出去”平台作用进一步凸显。其中，第22届北京国际图书博览会达成各类版权输出协议2791项，达成引进协议1834项，输出与引进比为1.5∶1。在台北举办的2015年北京文化创意产业展实现签约金额2.3亿元人民币。“2015年北京文化庙会·台北之旅”达成合作协议金额5亿元新台币。2015年第五届北京国际电影节签约项目36个，协议金额138.45亿元，签约项目从电影创作扩大到金融、出版、广告、法律等多个领域，涵盖电影产业链各个环节。①

另外，经过多年培育和发展，北京形成了一批常年举办和综合性、国际性较强的大型会展品牌活动，例如综合类展会有科博会、文博会等，影视行业有北京放映、大学生电影节、春（秋）季首都电视节目交易会、北京国际电影季等展会；古玩和艺术品交易行业有中国北京国际美术双年展、艺术北京当代艺术博览会等展会；新闻出版行业有北京地坛书市等展会。

良好的社会人文环境可以为文化创意产业融合发展提供丰富的创意源泉和强大的精神动力支持，而且直接反映出一个地方的文明程度，提升区域文化产业竞争的无形品牌和竞争力，吸引金融资本以及其他相关产业与文化产业相结合，使文化进入一、二、三产业的各个领域，提高文化产品的市场化率和附加值。

（四）技术与产业环境

1. 文化创意产业集聚发展效应显著

产业集聚可以说是产业融合的一种外在表现形式，是建立在企业内融合和产业链融合基础上的更为高级的产业融合方式。企业的发展需要技术、人才、资本等生产要素的共同作用，产业的融合过程就是

---

① 数据来源：《北京文化创意产业发展白皮书（2016）》

这些要素的集聚过程。例如：北京市中关村示范区作为全国第一个国家自主创新示范区，可以说是北京市二、三产业融合发展的典型模式。

文化创意产业融合发展方面，2006年起，北京陆续认定了30个市级文化创意产业集聚区，经过多年发展，市级和各区的集聚区已经成为北京文化创意产业的一个重要载体。以CBD国际传媒产业集聚区为例，内部聚集了众多影视传媒、网络服务、广告业等文化传媒企业。2011年1—5月，北京CBD国际传媒产业集聚区规模以上文化创意产业法人单位数为288个，实现收入123.6亿元，同比增长20.2%；从业人员2.3万人，同比增长4.4%。

2012年5月，为贯彻党的十七届六中全会提出的“依托国家高新技术园区、国家可持续发展实验区等建立国家文化科技融合示范基地，把重大文化科技项目纳入国家相关科技发展规划和计划”的要求，中宣部与科技部会同文化部、广电总局、新闻出版总署，开展了国家文化科技融合示范基地认定工作，认定北京中关村国家文化科技融合示范基地等16家为首批国家级文化和科技融合示范基地。

截至2013年底，北京市整合打造20个文化产业功能区。这20个功能区分别是：天坛－天桥核心演绎功能区、雍和园－德胜园文化科技融合功能区、文化金融融合功能区、北京老字号品牌文化推广功能区、CBD-定福庄国际传媒产业走廊功能区、奥林匹克公园文化体育融合功能区、潘家园古玩艺术品交易功能区、大山子时尚创意产业功能区、中关村文化科技融合示范功能区、中国戏曲文化艺术功能区、动漫网游功能区、房山历史文化旅游功能区、国家创意设计与艺术品交易功能区、天竺文化报税功能区、会展服务功能区、国家新媒体产业功能区、中国（怀柔）影视产业功能区、昌平未来文化城功能区、平谷音乐产业功能区、文化和生态旅游休闲功能区。见表4-4：

表 4-4　北京市市级文化创意产业集聚区表（2013 年）

所在区	序号	集聚区名称	所属行业
东城区	1	中关村科技园区雍和园	数字内容产业
	2	前门历史文化创意产业集聚区	演出、旅游休闲
西城区	1	北京工业设计创意产业基地	工业设计
	2	琉璃厂－大栅栏历史文化创意产业集聚区	旅游休闲、演出
朝阳区	1	潘家园古玩艺术品交易园区	古玩与艺术品交易
	2	北京市时尚设计广场	设计
	3	798 艺术区	当代艺术
	4	北京欢乐谷生态文化园	旅游休闲、文艺演出
	5	北京 CBD 国际传媒产业集聚区	文化传媒
	6	惠通时代广场	文化传媒
	7	奥林匹克公园	体育休闲
	8	北京音乐创意产业园区	文艺演出（音乐）
海淀区	1	中关村软件园	软件、网络及计算机服务
	2	清华科技园	软件、网络及计算机服务
	3	中关村创意产业先导基地	软件、网络及计算机服务
丰台区	1	大红门服装服饰创意产业集聚区	服装设计
	2	卢沟桥历史文化创意产业集聚区	文化旅游、文艺演出、会展
石景山区	1	北京数字娱乐产业示范基地	数字媒体、动漫网游
	2	中国动漫游戏城	动漫网游
门头沟区	1	门头沟斋堂古村落古道文化创意产业集聚区	旅游休闲
怀柔区	1	中国（怀柔）影视基地	影视
顺义区	1	顺义国展产业园	会展
大兴区	1	国家新媒体产业基地（下设四个园区，分别是星光影视园、北普陀影视园、多维创新园、北京时尚体育公园）	新媒体、影视制作、数字出版、设计创意、旅游休闲
通州区	1	北京出版发行物流中心	出版发行
	2	宋庄原创艺术集聚区	当代艺术
昌平区	1	十三陵明文化创意产业集聚区	旅游休闲
密云区	1	密云古北口边境文化旅游集聚区	文化旅游
房山区	1	北京（房山）历史文化旅游集聚区	旅游休闲

续表

所在区	序号	集聚区名称	所属行业
平谷区	1	中国乐谷	文艺演出（音乐）
延庆区	1	延庆八达岭长城	旅游休闲

文化创意产业集聚区为产业融合提供了完善的产业链、供应链、服务链；以公共服务平台和公共技术实验室建设为抓手，以资金支持、政策配套为保障，科学合理的安排功能区规划，推动大企业、大项目在功能区落地，推动文化创意产业融合发展。2015 年北京市文化创意产业功能区规模以上文化创意企业营业收入 9053.84 亿元，同比增长 10.97%，占全市规模以上文化创意企业营业收入的比重达到 79.85%。功能区以仅占全市总面积 2.5% 的土地，贡献了近 80% 的文化创意产业营业收入。功能区规模以上文化创意企业总数 4352 家，占全市规模以上文化创意企业总数的 69.32%，同比提高 10 个百分点；规模以上文化创意企业从业人员 80.61 万人，占全市规模以上文化创意企业从业人员总数的 76.82%，同比提高 2.35 个百分点，企业集聚和人才集聚能力进一步增强。

2015 年，文化科技融合示范功能区、CBD- 定福庄国际传媒产业走廊功能区、动漫网游及数字内容功能区和文化金融融合功能区等 4 个功能区的营业收入超过 500 亿元，集聚的企业数量占全市功能区企业总数的 74.22%，从业人员数量占全市功能区从业人员总数的 77.98%，4 个功能区全部集中在东城、西城、朝阳、海淀、丰台、石景山城六区内。此外，营业收入超过 100 亿元的 11 个功能区中，分布在城六区的总面积达到 303.41 平方公里，占全市功能区总面积的 68.2%。

融合业态功能区产出效率优势明显。2015 年，文化科技和文化金融两类融合业态的功能区营业收入达到 6288.33 亿元，同比增长 12.48%，占全市功能区营业收入的 66.67%。从土地产出效率来看，2015 年，融合业态功能区单位土地面积营业收入达 36.22 亿元 / 平方公里，是功能区平均水平的 1.80 倍。从劳动生产率来看，2015 年，融合业态功能区劳动生产率为 113.25 万元 / 人，同比增长 6.22%，在总量和增幅上均明显优于优势行业和传统行业。

2015 年，北京中视东升文化传媒有限公司等四家企业被文化部评为第六批国家文化产业示范基地。截至 2015 年末，北京市已有 25 个国家文化产业示范基地，涉及演艺、动漫游戏、艺术品、传媒等多个行业。2015 年各产业示范基地共实现收入 39.5 亿元，利润 7.12 亿元，纳税 3.03 亿元，新增基础设施建设投入资金 4094 万元。2015 年，北京市发布首批“市级文化创意产业示范园区”名单，中国北京出版创意产业园、清华科技园、星光影视园、莱锦文化创意产业园等四家园区入选，进一步推动北京文化创意产业规模化、集约化、内涵式发展。①

2. 文化创意产业融合技术优势明显

就技术环境而言，创意产业的成长离不开高技术的渗透与融入，高科技为创意产业提供了技术支持和发展平台，特别是随着数字技术、多媒体技术和互联网技术等信息技术的发展出现的数字融合、网络融合进一步促使了媒介融合和产业融合的出现，这改变了创意产业的成长环境。高新技术和创意产业的融合是抢占 21 世纪创意产业制高点的一条捷径，高技术给创意产业的存在形态和发展趋势带来革命性的变化。

北京市近年来着力推进一产与二产、三产融合发展，生物技术与其他产业的融合推动了生物农业、工业生物等融合型新兴业态的迅速发展。以旅游的兴旺与崛起，促进一、二、三产业中经济、科技、教育、文化、服务、生态附加值的拓展和融合，带动城市管理理念、运行方式的创新和优化，旅游已成为北京产业融合发展的一种新方式，不仅有效融入一、二、三产业中，并显著提升整个产业链的附加值。

北京文化创意产业融合发展具有良好的技术优势。高新技术加快向传统产业渗透与融合，以新技术和新需求为导向的新兴领域不断涌现。信息技术的发展融合催生出移动互联网、云计算、物联网、数字出版等快速发展的新兴领域，特别是在数字出版、移动互联网等领域形成了比

① 数据来源：《北京文化创意产业发展白皮书（2016）》。

较完整的产业链。

以出版业与互联网融合发展为例，北京在网络出版领域具有很强实力，在手机出版领域具备较强内容集成优势。拥有国内外领先的文字识别技术、激光照排技术和网络出版系统，如北京大学目前掌握了中国最顶尖的数字出版与印刷技术。出现了大批龙头企业，如同方知网、万方数据、龙源期刊、方正阿帕比、书生、汉王科技等，集聚了北京大学国家数字版权研究基地、中国人民大学国家学术数字出版平台等重大项目，以及清华出版社等传统出版机构的数字出版。

在移动互联网产业拥有很好的基础技术架构和产业优势。它是中国互联网第一次浪潮的策源地之一，拥有全国领先的互联网技术。大量的先进移动互联网技术和标准都是从北京海淀区产生或出台的；以百度、新浪为首的传统互联网企业已经进军移动互联网产业，并在其细分市场占据较大的份额；空中网等移动互联网门户企业以及大批基于移动互联网产业的内容提供商如捷通华声等企业应运而生。

在物联网技术源头和应用方面具有较好的优势。在核心技术研发、传感器、网络控制、云计算和行业应用以及产业联盟协同创新方面拥有较好基础。技术源头方面有中国科学院、清华、北大、北邮等高校，特别是在TD-SCDMA、闪联信息技术等相关领域拥有独立的自主知识产权。产业方面有传感器、网络传输、数据处理等基本完善的产业链，有清华同方、时代凌宇等一大批领先企业。应用方面，城市网络网格管理、智能监控、食品追溯、水质监测等系统都有典型的应用管理，并在奥运会上成功实现了视频监控、智能交通、RFID食品溯源等多项示范应用。

在动漫游戏业方面，处于全国领先地位。聚集了“中国游戏十强”中的三席，手机游戏领域拥有“全国十强”中的六席，在人才培养方面，拥有水晶石、火星时代、汇众益智等全国知名培训机构，同时建成了全国领先的中海动漫游戏孵化器。

综上所述，从北京市文化创意产业融合的政策法律环境、经济信息环境、社会人文环境以及产业技术环境等几个方面的考量，正是由于北京文化创意产业所处的宏观环境发生一系列的变化，共同推进了北京文化创意产业的融合成长。如图 4–9 所示：

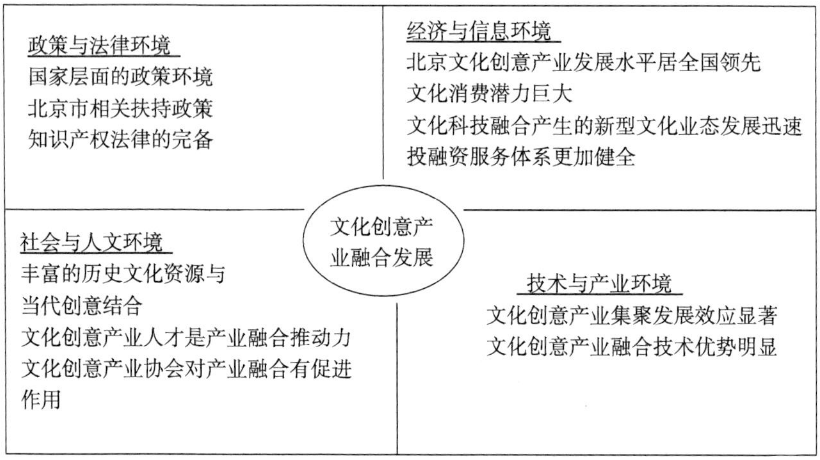

图 4–9　文化创意产业融合发展 PEST 分析总结

二、北京市文化创意产业融合的类别

从北京市文化创意产业发展的现状看，融合的现象普遍存在。在不同的产业领域内，文化创意产业与第一、第二产业发生融合，在第三产业内部文化创意产业与信息产业等进行融合，我们将其称为文化创意产业的跨界融合或产业外融合；文化创意产业内部各行业之间发生的融合（如影视产业与旅游业的融合等）可以称为文化创意产业的产业内融合。文化创意产业跨界融合和文化创意产业内部融合案例分析详见本书第五章。

（一）文化创意产业的跨界融合

文化创意产业与其他相关产业融合发展在我国的产业结构优化中具有举足轻重的作用。主要表现为：一是文化创意产业凭借创意这一核心，通过融合机制、渗透机制推进第一产业的优化升级，提高附加值，在实现内涵式扩大再生产的同时，通过空间植入，发展一种新型农业；二是文化创意产业凭借其价值链带动上、下游产业的发展，拉动国民经济第二、三产业的发展，提升传统产业，催生新兴产业，实现产业结构的深入发展与优化升级。

1. 文化创意产业与第一产业的融合

随着科学技术的发展和生产力水平的提高，农业产业化进程不断加快，人民需求层次不断提高，使得农业与文化产业之间的边界模糊化，农业与旅游业以及高科技产业出现了融合的趋势，兼具文化产业与第一产业特征的新型产业业态蓬勃发展。

文化创意产业对第一产业的影响包括空间上的植入和要素上的重新组合。空间植入是指将文化创意移入到农业发展中来，发展观光农业旅游，开发生态旅游、农产品采摘体验等休闲度假游，为农业发展开创一种新的发展模式。另外，文化创意在农产品新品种的生产、品牌形象包装、营销策划一系列农业价值链上都发挥重要作用，使以上要素重新组合，形成良性互动的农业产业价值链。如图 4–10 所示：

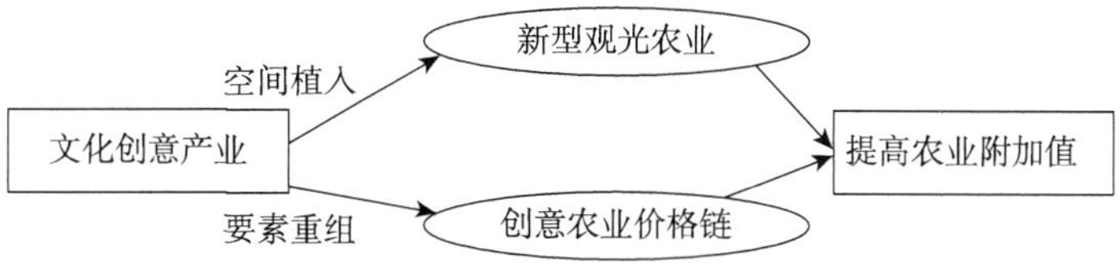

图 4–10 文化创意产业对第一产业的融合渗透

以北京文化创意产业与农业融合的发展实践来看，基本上形成了以下几种模式的创意农业。一是观光农业模式：北京近郊开辟特色果园、菜园、花圃基地等，提供游客采摘、赏花等旅游服务。例如位于北京市密云区古北口镇汤河村的“紫海香堤艺术庄园”，种植了薰衣草、紫苏、马鞭草、洋甘菊等世界 200 余种珍贵香草品种，是集“现代都市型农业”“情景式休闲度假”与“文化创意产业”三位一体的文化旅游模式；二是农产品品牌开发模式：重视农产品品牌建设，如大兴西瓜、怀柔板栗、平谷大桃等农产品品牌在北京乃至全国已具有一定的知名度；三是农业产业链条打造模式：例如平谷区依托桃种植、桃加工、桃文化，从桃子开花到结果，从果实食用到桃树废弃物利用，开发形成了“两节两品三养生”的系列产品，贯穿了桃产业发展的整个链条。可见，文化创意产业通过空间植入和要素的重新组合，能大大提高第一产业的产品附加值，实现升级优化。

2. 文化创意产业与第二产业的融合

我国制造业的优势仍然集中在劳动密集型的传统产业领域，主要指纺织服装、玩具、家具、鞋类与电子信息产品组装等。如何引导、扶持这些产业和文化融合，促进产业升级应受到政府和企业的重视。

传统制造业与文化产业融合，通过形成、提升和提炼企业文化、产品文化，实现传统制造业与文化产业的对接。通过对传统制造业所拥有的传统工艺和历史文化底蕴的合理保留和运作，使之转化为文化产业的基础元素。例如兴建企业博物馆，不仅深化了企业文化，展示了企业形象，而且围绕着企业博物馆，衍生出许多周边产品，增加了企业的效益。[①] 工业旅游也体现了文化产业与传统制造业的融合，例如首钢的特色主体旅游“钢铁是这样炼成的”，行程一天，游客一路走下来，可以看到轧钢的整套工艺流程，近距离体会到现代工业技术的魅力。再如，北京798文化创意产业园区从废旧工业厂房华丽转身成为北京文化新地标也是文化创意产业和工业融合成功的典范。

文化产业中的文化产品制造业包括书报刊印刷业、记录媒介的复制、文化用品制造业、体育用品制造业、乐器及其他文娱用品制造业、玩具制造业、游艺器材制造业、其他文教体育用品制造业、工艺美术品制造业等，这些产业以制造业为手段，以文化为内容，本身就是文化产业和制造业融合发展的业态。

① 张华．产业融合：制造业转型升级的重要途径［J］．求是，2010（8）．

综上所述，文化创意产业通过向单一制造业和第二产业整体渗入创意要素，注入文化生机，增加其产品的文化内涵，提高产业附加值，实现第二产业的内涵式扩大再生产，从而推进第二产业的优化升级。

工业企业与文化深度融合案例。天地缘集团将孝文化作为企业文化的主体部分，还大力倡导“喜、缘”文化，赋予产品以多重精神和文化内涵，并成功打造了齐鲁最大清香型白酒生产基地、洞藏基地和“国喜文化”传播基地。目前企业投资2.6亿元，建设体现南方园林风格，融合明清建筑特点，包括生产加工区、灌装车间、接待中心、酒文化博物馆等在内的天地缘酒水文化产业园项目。将酿酒公司与上千年的酒文化有机结合起来，努力打造成酒水生产与酒文化传播，工业基地与工业旅游，酒文化与中国传统文化传承二、三产业深度融合的大型文化产业基地。游客可以参观白酒的发展史、酿酒器具以及酿酒工艺流程，并可以亲自操作体验。这将对传播展示天地缘的品牌形象和文化底蕴产生不可估量的市场价值。作为二、三产业深度融合的另一举措，该集团还在谋划纸业文化产业园建设，计划打造一个集生态酿酒、生态造纸、文化传播、观光旅游为一体的4A级工业旅游区。发展相互融合又各自独立的产业，通过有效对接，拉动文化娱乐、旅游休闲等相关产业的发展，实现有形价值与无形价值的统一。

3. 文化创意产业与第三产业中其他产业的融合

文化创意产业是第三产业的一部分，它自身的发展本就推进了第三产业的扩大与发展。但由于文化创意产业所具有的联动性、融合性，使它对第三产业的影响远远超过它自身发展所带来的拉动，造成了乘数效应。例如：在信息产业与文化产业不断交叉融合的背景下，一批批“知识英雄”开创了新的要素整合方式。把信息设备、软件开发、信息服务与文化内容的开发，有机地结合起来创造出了许多兼有信息产业和文化产业的新产业形态。

北京市许多文化企业充分发挥数字和信息技术方面的优势，在文化创意产业与信息产业的融合发展中逐步壮大。例如：位于北京石景山区的中国华录集团有限公司专业从事音视频产品及相关应用技术的研发、制造、销售。集团紧紧跟随世界音视频产业技术、产品与市场发展趋势，适时调整产业与产品发展结构，逐渐形成了以 AV 关键件为核心的 AV 终端、AV 服务、AV 内容三大产业相融合的产业发展体系，基本形成了硬件制造、软件开发以及相关内容、信息技术服务有机结合的完整数字音频产业链。中国华录集团抓住文化产业发展机遇，加快产业结构转型，形成科技与文化相结合的文化产业业务格局，已经成为音像业乃至文化产业发展的一支生力军，成为文化创意产业与信息产业融合发展企业的领先力量。

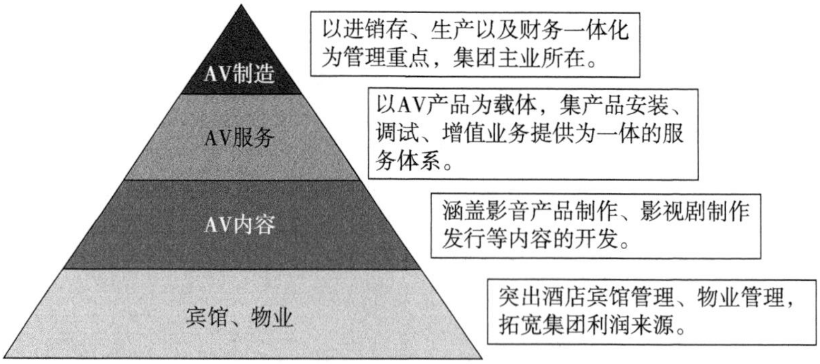

图 4–11　华录集团多业态经营模式

（二）文化创意产业内部融合

文化创意产业内部各行业之间在发展过程中的边界也开始变得模糊化，各行业之间相互渗透交叉，产生了很多新的产品或服务，出现兼具多个行业特征的新型产业业态的过程。比如电影业和游戏业融合发展形成影视游戏业、影视业和旅游业的融合发展形成影视旅游业、出版业和互联网融合发展形成数字内容出版业，等等。

北京文化创意产业内部融合比较明显的业态主要体现在以下几个方面：

第一，在北京文化创意产业发展中，游戏业与电影业的互动融合在近几年来越来越频繁。这两种娱乐形式虽有不同之处，但可以很好地达到互补效果，甚至能发挥出“1+1>2”的作用。不光是电影，电视剧、动漫等形式也开始更多地融入了游戏的元素，而游戏本身也因为影视的宣传而扩大了受众面，应该说两者如果结合得恰到好处的话，这是一条双赢的发展之路。期待以后我们可以看到更丰富的游戏电影，玩到更精彩的电影游戏。

第二，在新媒体革命的数字时代，动画作为媒体内容面临巨大的需求，动画产业与新媒体之间的融合势不可挡。在动漫与新媒体的不断融合中，一种新的盈利模式逐渐形成，即动画、漫画创作生产—传统媒体与新媒体刊载、播放—动漫形象品牌形成与持续发展—品牌授权与管理—动漫衍生产品的设计与开发—动漫产品营销推广与网上贸易。这种新模式在动漫作品的策划、制作、发行、播映、授权、产品开发与销售等环节都兼容了新媒体的特点与市场规律，更加贴近市场的需求，减少了产品开发与市场营销成本。

第三，影视产业和旅游产业的融合趋势越来越明显，影视文化旅游成为中国旅游产业的一大亮点。按照当前世界电影旅游发展的一般规律，根据电影业和旅游业之间产业融合的不同水平，可以把电影旅游业大致划分为从低到高的三个层面，即影片外景地或旅游景区、电影拍摄基地或影视城、电影节或主题公园。[①]北京影视旅游起步于21世纪初的位于怀柔的飞腾影视城外景拍摄参观；2009年6月8日，北京老爷车博物馆正式开馆；2010年"十一"前，中影基地开放了服装道具展厅、第六、七号摄影棚影视剧内景景点，成为怀柔影视旅游的重要内容。近两年，依托"中影基地""星美影视城"和"老爷车博物馆"等，怀柔的影视旅游正逐渐被广大市民游客认可；2011年"五一"以来，怀柔区旅游局、怀柔影管中心和杨宋镇还分别推出了一系列宣传和影视旅游推介活动。

第四，传统文化行业中，出版业是受互联网影响最大的一个行业。出版业和互联网业的融合改变了知识传播的渠道和范围。出版一份期刊不仅周期长，发行范围也相对有限。但是同样的内容在网络上传播，效果就会有很大的不同。以中国知网为例，由于网络传播的范围遍及全球，中国知网的内容不仅在国内可以看到，在国外也可以看到。短短10余年，中国知网的数据库已经成为教学、科研中不可缺少的工具，从这点可以看出数字出版和互联网的影响巨大。

总之，文化创意产业通过提供文化产品或服务向种植业、农业等第一产业、向制造业等第二产业，向第三产业各个门类都进行了强烈而广泛的融合渗透，以及文化创意产业内部融合也日益清晰。"融合"已成为北京市文化创意产业的新的发展趋势。

三、北京文化创意产业融合发展中存在的问题

（一）文化创意产业链融合发展不足

文化创意产业链是以创意内容为核心，进行产品的制造、营销并通过后续衍生产品的开发，形成上下联动的产业链条。其特点是一次投入、多次产出。见图4–12：

① 李道新．中国电影新百年：合作与发展［M］．北京：中国电影出版社，2006（5）．

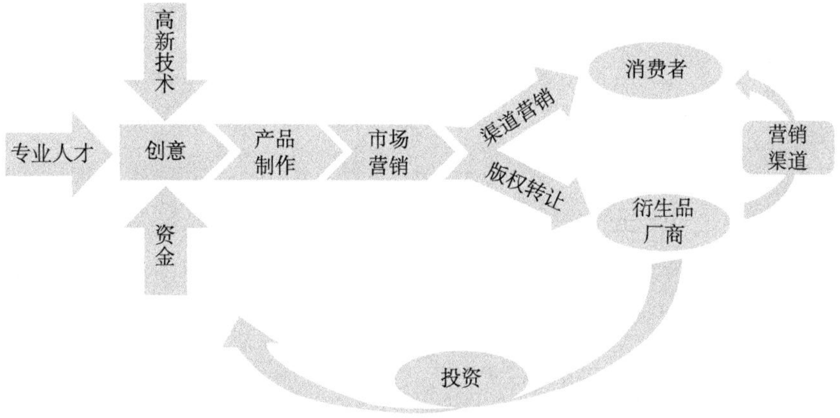

图 4-12　文化创意产业价值链

在文化创意产业链条中，创意是核心价值，产业链最终通过创意的“价值扩散”来实现。按照文化创意产业发展规律来讲，该产业价值链应该分为资源、创作、生产、包装集成、流通、展示这六大块。纵向上不断延伸产业链条，加入一些新的市场主体和价值创造者使产业链不断拉长、细分和开放；横向上不断深化分工和扩展协作伙伴，稳固和提升每一个环节的价值形成能力，逐渐催生出更加相互依赖、紧密协作的价值网络。这就是说，为了创造更多的经济利益，原创企业应该通过合作开发、专利技术或者版权转让形式，把创意的核心价值扩散到周边关联产业中，形成长线生产能力，扩大产业链的规模。

根据对北京市文化创意产业融合发展的现状和特点分析，目前，北京的文化创意产业发展尚未形成完整的、顺畅的、高效的产业链。

首先，文创企业缺乏创意人才和原创性作品。打造产业链，创意、技术、营销、渠道经营、管理、研究领域的人才必不可少。对北京文创企业而言，占据产业链条前端和末端的创意和经营人才是链条上最为薄弱的两个环节。

在纽约，文化创意产业人才占所有工作人口总数的 12%；伦敦为 14%；东京为 15%。相比纽约、伦敦、东京等文化创意产业繁荣城市，北京市文化从业人员占全市总从业人员的比例仍然较低，人才不足矛盾依然突出，严重制约了首都文化产业的持续发展。以动画及多媒体行业为例，据了解，业界需要的人才是15万~20万人，而每年能够提供的合格人才仅为1万人左右。

具有特色的原创性作品是产业链的核心环节，但是由于北京文创企业对本土文化挖掘不足，缺乏具有民族性的、特色性的原创作品，致使文化资源尚未有效地转化为文化资本，无法占据文化创意产业链的高端。以动漫产业为例，美、日、韩等国家的动漫产品占据我国市场主导地位，而国产动画片只占10%左右，北京也是如此。

一部动漫、影视作品，如果精心策划、模式化运营，是可以产生十几次赢利机会的。因为电影、电视剧和动漫，是文化产业的母体产业，它通过人的视觉，带动听觉、味觉，带动吃喝拉撒、柴米油盐、衣食住行、婚丧嫁娶，整个生活方式、行为模式，可以建立一个包含影视、演出、旅游、服装、饮食、医药、艺术、收藏、地产、金融多个行业的巨大产业链，是一业带动百业，可以说是一台不知疲倦的印钞机。它最大的利润不是产品利润，而是符号利润。

只有打动人心的故事题材，全方位的产业链构建设想，才会创新生产出优秀的文化品牌。如何打造全产业链、深入开掘文化产业之路，对于很多文化企业来说仍是不得门路。而北京联盟传媒有限公司打造的“武林外传”文化品牌及其全产业链商业模式却很成功。北京联盟传媒对该片进行了深度的文化产业衍生开发，从影视品牌到网络游戏品牌，到图书品牌，再到戏剧以及增值服务，《武林外传》完成了产品线延伸的创新与产品线深度的扩展。在品牌塑造过程当中，新的技术应用和传播方式的不断创新，使得《武林外传》在目标受众的再认识和市场细分上，做得更加深入，跨媒介产品营销策略创新，使得品牌知名度和美誉度也不断提升，同时影视作品品牌的塑造和衍生品产品的差异和互补性也越来越明显。

其次，依托“创意、研发、生产到营销”的文化创意产业链，在产业链的前端或后端会有比较高的投入产出效率，如创意设计研发领域，或文化产品的生产和营销领域。大部分是向价值量比较高的“微笑曲线”两端发展。因此，这就需要企业在开发、生产和营销等环节上密切的协同和合作。考察北京的很多文化企业，发现企业自身的产品和服务难以融入客户企业的价值链运行当中，产品的有效差异性小，提高产业链的整体竞争能力差，难以获得较高的利润回报和竞争位势。

以北京动漫产业链为例，一条完整的动画产业链应该包括上游原创、制作，中游销售、播出，下游衍生品开发等多个环节。北京动画企业在这方面做得还不够，很多公司的盈利模式不够清晰。在产业链中游的发行销售环节，北京有相当多的动画企业将产品播出渠道锁定在电视频道。尽管现在全国有很多卡通频道，少儿频道等众多的电视频道播出平台，但电视台超低价收购动画作品与动画制作费是不成比例的。动画企业应该积极拓展新的发行销售渠道，重视与互联网和手机为代表的新媒体渠道的融合，努力加大海外发行渠道的开拓，积极开展国际合作。

再次，企业在融资方面存在困难，资本成为制约企业发展的重要因素。影视剧、大型演出、动漫、互联网等文化类企业有一个普遍的特点，就是运营周期长，前期需要垫付大量资金。而文化企业轻资产，并没有足够的有形抵押物来满足银行的要求。尤其对于产业链长、投资回收慢、启动资金多、风险大的产业，民间资本和金融资本为规避风险而较少地介入。

（二）文化创意产业对相关产业的辐射带动效应有待提高

文化创意产业是知识密集型的新兴产业，其与信息技术、传播技术的广泛应用密切相关，具有高度的融合性、较强的渗透性和辐射力。其通过与现代技术的嫁接，与创新形成合力，推动各行各业的发展。厉无畏指出，文化产业是“无边界”产业。它通过“越界”促成不同行业、不同领域的重组与合作，与第一、第二、第三产业相互融合，从而提升农业，为农业打造全新的发展理念；为第二、三产业注入文化生机，完善产业链发展，促进其他产业升级，使其他产业能够更好地、具有可持久性的与社会、与自然和谐发展，使其产品能够更好地满足消费者更高的精神层面的需求，增加产品的附加值。见图 4–13：

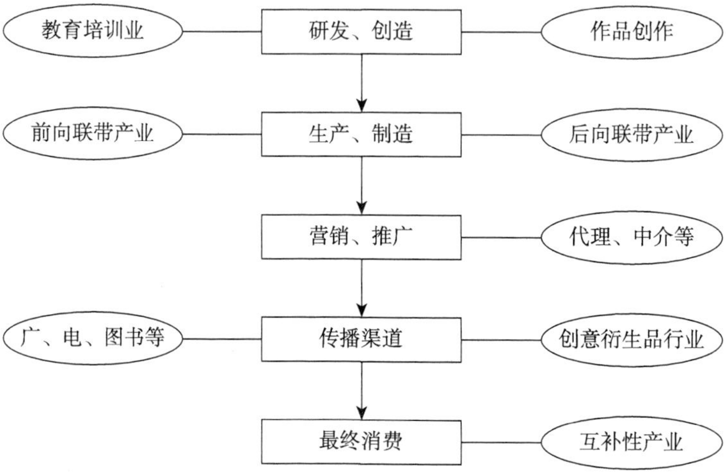

图 4–13　文化创意产业价值链及相关产业

但是我国的文化创意产业总体上还处于起步阶段，目前北京市文化创意产业企业普遍存在经营规模小、市场不成熟、需求不稳定等问题，另外银行现行信贷制度的制约因素等也在一定程度上影响了文化创意项目的可行性、经济合理性和投资成功率，从而影响文化创意产业对相关产业发展的带动能力。

同时，北京缺乏具有较强竞争力的大型跨国企业集团，难以带动整个行业的发展和国际化整体水平的提升。虽然目前北京已经涌现出一批全国知名的文化创意企业，但整体数量、规模、经济效益等方面，都与发达国家和地区存在很大的差距。以影视传媒业为例，北京影视行业规模较小，目前仅有歌华等少数具有影响力的传媒集团，还没有形成跨媒体、跨地区、跨行业的大型传媒集团，无法带动和影视产业相关产业的发展。

（三）对文化创意产业融合发展缺乏统一指导

首先，政府对产业融合的认识还没有上升到全局和战略高度，缺乏统一的整体的规划指导、政策措施。产业融合这一新理念、新模式已经引起了北京市政府部门、各类机构、企业的广泛关注，在推动经济发展中也有所体现。但仅从政府角度来看，对产业融合在产业创新、产业结构优化、产业效率和经济竞争力提升等方面的重要功能还没有充分和清晰的认识，没有上升到战略高度，没有把它作为牵动全局的发展模式。以海淀区为例，区政府系统推进的、相对突出的产业融合只有文化科技的融合，对文化创意产业与其他产业的融合发展缺乏指导、推动意见。即使有也只是零散地出现在不同部门、不同大类产业、不同局部地区规划中。在北京提出文化创新、科技创新“双轮驱动”的发展战略后，对于文化和科技融合的研究逐步增多，但是政府还没有在对产业融合理论与实践全面科学认识的基础上、制定系统的推进方案，包括总体思路、工作重点、具体措施。这就造成产业融合总体上还处于零敲碎打、各自为战的自发状态，虽然出现了广泛的多种形式的产业融合，基本上是企业出于追求经济效益而进行的自发融合，尚未实现各产业的整体联动，产业融合还只限于局部，融合的整体水平不高，范围还比较窄，融合的领域、层次都需提升。总之，以上状况造成难以发挥产业融合应有的推动经济发展的整体的积极效应。因此，对北京文化创意产业融合进行系统的研究，从整体上制定专门的指导意见、政策措施非常迫切。

其次，由于产业融合是多个产业部门及其相关领域的横向融合创新行为，而且不同产业之间融合的程度、范围、重要性也不尽相同，因此需要科学的联动体制机制和整合平台。事实上，产业融合的任何新成果都将对现有的体制机制带来新的挑战，对政府的管理模式和管理规章带来新的挑战，这就要求能够及时地调整现行的管理体制机制和方针政策，以适应产业融合发展趋势的需要。目前北京文化创意产业的资源被分割在不同政府主管部门、协会、企业的手中，尚未进行较好整合。以海淀区为例，首先，海淀园管委会承担着管理6000多家高新技术企业的重任，据了解，海淀区70%的固定资产都是属于海淀园，大部分的文化创意产业企业由海淀园统一管理。其次，海淀区促进文化创意产业发展的专项资金在宣传部，宣传部是文化创意产业的主管部门，直接掌握了政策和资金资源。再次，部分传统文化行业的管理资源还集中在海淀文委，如营业性文艺演出团体的管理、演出市场和艺术品市场的管理等。最后，部分资源还分散在各协会手中，由于协会与企业联系紧密，协会对于市场和企业的信息更为关注和了解。从调研的情况来看，海淀区各个部门之间沟通和协作较少，缺乏资源分享的渠道，要么是掌握政策资源而不掌握企业情况，要么是和企业联系紧密而缺乏政策资源；要么资源偏重于技术型企业，要么资源偏重于传统文化类企业。这样的格局虽然能使企业增加更多地享受政府政策的机会，但将直接制约着政府对整个行业情况的了解和快速反应能力，严重影响整个文化创意产业的融合发展。

四、本章小结

本章首先利用 PEST 模型，从政治法律、经济信息、社会人文以及技术和产业几个方面分析了北京市文化创意产业融合发展的基础环境和现状，继而阐述了北京市文化创意产业融合发展的类别，包括与第一产业、第二产业、第三产业其他行业等进行外部融合的形式以及文化创意产业内部融合的形式两大方面。通过对融合的基础环境和现状以及融合类别的分析，找出北京市文化创意产业融合发展过程中存在的问题。

第五章　文化创意产业融合案例研究

一、内部融合案例——影视产业和文化旅游业融合

随着社会经济的快速发展以及物质文化生活水平的不断提高，人们的旅游理念上升到了一个新的高度，除了浅层次的自然风光、人文景观旅游以外，人们更加注重旅游过程中的时尚体验、科技体验以及特色文化体验等，各种新兴旅游形式迅速发展，特别是伴随着一些影视作品的成功，影视旅游逐渐成为一种潮流。

影视旅游无论是对于传统的旅游业，还是对于影视文化产业来说都具有重要的意义。对于旅游业而言，影视旅游是一个全新的旅游项目，可以给旅游景区带来新的发展机遇；对于影视文化产业而言，影视旅游的发展将大大延伸其产业链。

影视旅游是影视文化产业和旅游产业融合的产物。影视文化产业与旅游产业各有其发展规律与运行机制，两个看似不相关的产业能够相互融合，产生一个新的产业——影视旅游，这是有其必然性的。

首先，就产业特性而言，影视文化产业和旅游产业具有很强的产业关联性。旅游产业是一个高度复合型的产业，涉及食、住、行、游、购、娱等多个行业，同时与金融业、邮电通信业、房地产业、环保业等也有密切联系，旅游产业的发展需要其他产业或行业的支撑和协调，反过来，旅游产业对其他产业或行业也具有很强的关联带动性。影视文化产业也具有较强的产业渗透力和关联度，其快速发展可以迅速提升国家

的软实力，并直接或间接带动旅游业、娱乐业、餐饮业、美容业、时装业等相互关联产业的发展。产业关联性越强，产业资源共享率就越高，企业运作成本无形中就会大大降低。对于影视文化产业和旅游产业而言，基于其较高的产业关联性，通过产业链的延伸提升经济效益，通过产业资源共享走向产业融合将是必然的发展趋势。

其次，就产业功能而言，影视文化产业和旅游产业具有休闲娱乐的功能，观看影视作品和旅游都是当前人们重要的休闲方式，都能满足消费者休闲娱乐的需求。在产业结构不断优化升级、产业链不断延伸的今天，产业资源共享、功能融合是大势所趋，基于功能相同而带来的产业融合也是必然的趋势。对于消费者而言，影视与旅游代表着不同性质的情境体验。影视作品代表着一种虚拟的情境体验，观影者可以在其中体验时尚、体验心情、体验神奇，并寻找到文化共鸣和精神寄托；而旅游作为一种实景体验，旅行者体验更多的是自然风光、人文景观。影视和旅游融合在一起，可以丰富旅游者的体验过程，满足旅游者高层次、多元化的体验需求。

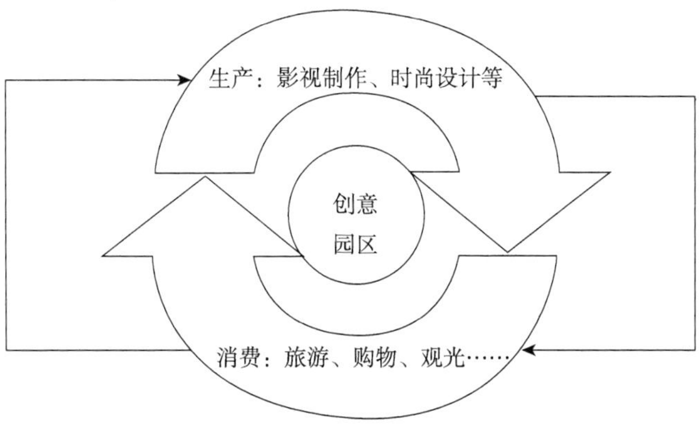

图 5-1 影视产业和旅游产业渗透融合模式图

（一）影视旅游概念

对于影视旅游概念的研究，国外学者起步较早，并将其称作“Movie

and TV Induced Tourism”或“Film Induced Tourism”（国内学者将其翻译为“由影视引致的旅游”）。他们把它的范畴界定为“所有因影视活动开展而引致的旅游活动”，包括影视拍摄地旅游、影视节事活动地旅游、影视文化旅游等，统称为影视旅游。而国内对于影视旅游概念的探讨，比较有代表性的是刘滨谊、刘琴，其认为：影视旅游是指以影视拍摄的全过程及与影视相关的事物为吸引物的旅游活动，并指出广义的影视旅游面对的客体对象可以是人造景观，也可以是自然景观、人文古迹，只要是与影视相关的任何事物都可以成为影视旅游资源，同时指出影视旅游属于专项旅游，其主要载体是影视主题公园。①

王玉玲、冯学钢、王晓认为：所谓影视旅游，从供给的角度来说是指旅游经营者开发并利用电影电视的制作地点、环境、过程，以及影视作品中反映出来的能够促进旅游活动的相关内容，经过宣传策划推向旅游市场，以取得消费者旅游需求和经营者利益一致性的旅游活动；从旅游者角度来说，是指旅游者花费一定的时间、费用和精力，通过对影视拍摄的场地、环境、过程以及由影视中演绎、引申出来的旅游产品的游览，来满足自己求新、求知、求奇等心理需求的旅游经历。②影视拍摄过程能使游客在现场体验明星的剧中生活，而影视文化成为促使旅游现象的主要因素。孟华、蔡道华认为，独特的主题和影视文化是影视拍摄地旅游开发成功的关键也是吸引游客的关键。③

郭文、黄震方、王丽认为影视旅游存在广义和狭义之分，广义的影视旅游指与影视活动相关的任何活动；狭义的影视旅游主要指在影视主题公园（影视基地或影视城）内的一些活动引发的旅游现象。④

① 刘滨谊，刘琴．中国影视旅游发展的现状及趋势［J］．旅游学刊，2004，19（6）：77-81.

② 王玉玲，冯学钢，王晓．论影视资源及其“资源—产品”转化［J］．华东经济管理，2006，20（7）：23-26.

③ 孟华．无锡影视城的启示［J］．泰州师专学报，1998，（6）：72-73；蔡道华．苏锡人造景观的再造与苏锡旅游发展战略［J］．金陵职业大学学报，1998，（12）：24-29.

④ 郭文，黄震方，王丽．影视旅游研究：一个应有的深度学术关照［J］．旅游学刊，2010，（10）：86-87.

综合以上学者对影视旅游概念的研究，本研究认为影视旅游是影视文化产业和旅游产业发展到一定阶段融合的产物，是一种融知识性、体验性、艺术性于一体的专项旅游形式，所有因影视作品影响而产生的旅游性质的活动都可称为影视旅游。

（二）影视旅游的类型

1. 影视基地旅游

影视基地的功能最初是比较单一的，就是为了拍摄影视作品，它集拍摄、后期制作、宣传等功能于一身。但随着影视作品影响力的不断扩大，一些影迷开始热衷于到影视基地旅游，现场体验影视拍摄的场景和过程，影视基地旅游渐成规模，如横店影视基地、怀柔影视基地等。

2. 影视外景地旅游

影视外景地旅游是目前最常见的影视旅游方式，这源于外景地的壮美的自然风光、特色的民俗文化以及历史悠久的人文景观，在影视作品的传播过程中，这些外景地被赋予了浓浓的文化内涵。如云南的大理、丽江，在国内多部影视作品的带动下，成为知名的旅游景点，电视剧《乔家大院》热播后引发了乔家大院的旅游热潮；又如韩国电视连续剧《大长今》热播以后，韩国文化放送电视台（MBC）将《大长今》拍摄的外景舞台“大长今村”改为主题公园，吸引了各国无数“长今迷”前往旅游。

3. 影视节庆旅游

影视节庆旅游是集影视、文化、经济、旅游于一体的新兴旅游形式。影视节庆旅游是以影视为核心，依靠影视作品的轰动效应拉动旅游休闲经济的发展。影视节期间，除了要进行优秀影片的展映和评选活动，同时还会举行丰富多彩的旅游观光活动。游客在这里不仅可以感受优秀影视作品的魅力，还可以近距离接触世界各地的影视明星，实现与明星的亲密互动。[①] 如图 5–2：

① 张立芳 . 云南影视旅游的发展研究［D］. 云南大学，2012：7–8.

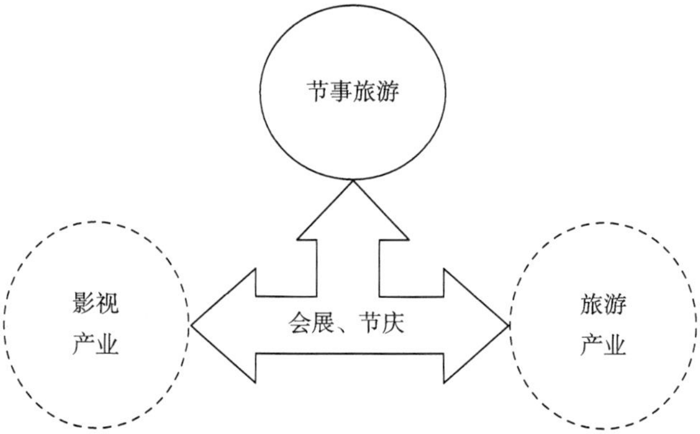

图 5-2　影视节庆旅游融合模式

4. 影视博物馆、主题公园旅游

在国外，影视博物馆比较普及，影视博物馆旅游早已成为一种常态，而在我国，影视博物馆建设还处于起步阶段。影视博物馆是一部影视发展活的教科书，它集科教和旅游于一身，对影视爱好者来说具有很大的吸引力，置身其中的人们可以直观感受影视发展的历史进程、体验奇幻的影视特技。

影视主题公园，即不以影视拍摄功能为主，而是成为以影视拍摄场景、场地、道具、服饰、片段等为资源，以影视文化为主题的娱乐公园。国外最著名的影视主题公园即好莱坞环球影城。环球影城是世界上规模最大的围绕电影拍摄场景建立的主题娱乐公园，是一个能够让游客走入电影，亲身体验电影拍摄的神奇世界。经过不断的完善和发展，好莱坞环球影城已经成为游客游览好莱坞必不可少的一个景点。

迪士尼乐园堪称这一影视旅游模式的创立者及成功典范，在成功拍摄了许多受欢迎的动画影片、捧红了米老鼠、唐老鸭等卡通明星后，迪士尼通过技术渗透，由“幻想工程师”（Imagineer）将技术和艺术完美地融合，将动画片所常用的色彩、激光、魔幻等表现手法与游乐园的功能相结合，借助乐园式的地域空间载体将虚拟的动漫世界予以真实的再现，从而开创出动漫主题公园这一新兴的休闲产业经营形态的模式（如图 5-3）。

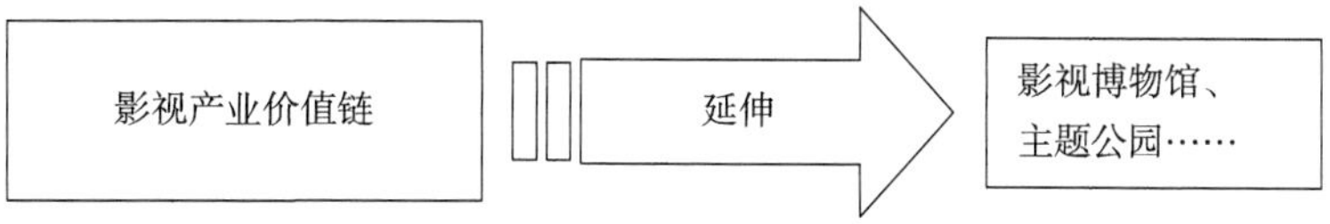

图 5-3 影视产业价值与旅游产业延伸融合模式

由于这一融合产业形态既突出了其旅游功效，又可以让旅游者暂时远离喧哗现实，进入到梦幻般的虚拟世界，完成一次非同一般的旅游体验，因而较之于其他的主题公园具有更广阔的市场空间、更强的产业增值能力，这也是迪士尼经久不衰的原动力。

（三）影视旅游的特点

影视旅游源于影视产品，影视旅游的规模更是依赖于影视作品的影响程度。对于影视旅游产业而言，离开了影视作品，就失去了文化支撑，失去了潜在的旅游消费者，所以影视作品传播的一些特点逐渐延伸到了影视旅游领域，如时效性、参与性等。

1. 时效性

每一部影视作品都具有其固定的传播规律，有热播的时候，有平淡的时候，有被观众遗忘的时候，同时，与之相关联影视旅游产品也有一定的展出期限。要推广一种影视旅游产品，首先要确定该影视作品是成功的、有影响力的；其次，最佳推广期是在该影视剧播放之后的流行期内。随着时间的流逝，这一影视旅游产品的优势会渐渐退去。

2. 浓缩化

影视拍摄地呈现内容高度浓缩是影视旅游的一大特征。从国内外的经验可以看出，不论是影视拍摄地还是影视基地（或影视城），场景的营造一般是将实物和活动浓缩于有限的空间中，游客可以在极短的时间内游览跨越时代的不同情景，活动内容是高度浓缩化的。[①]

---

① 郭文，黄震方，王丽．影视旅游研究：一个应有的深度学术关照［J］．旅游学刊，2010，（10）：86-87.

3. 体验性

从某种程度上说，旅游就是一种体验自然风光、人文景观、科技创新、民俗文化的过程。一种对于旅游的新的认识就是，旅游的价值在于“感受生命意义和享受品质生活”。与传统旅游方式相比，影视旅游更强调参与性，旅游者来到影视拍摄地，亲身经历影视作品中的场景，感受影视作品中的情节，从而在内心深处做一次圆梦的心灵体验。①

（四）影视旅游案例分析——北京怀柔影视基地

1995 年飞腾影视城（现已变更为星美今晟影视城）落户杨宋镇，怀柔影视产业开始起步，星美影视城是北方地区最大的影视外景拍摄基地，也是《大宅门》《倚天屠龙记》《铁齿铜牙纪晓岚》（一、二、三）、《还珠格格三》《老鼠爱上猫》等影视剧的主要取景地。总面积 350 亩，主要分外搭景区、摄影棚区、工厂区、生活区。外搭景区主要是仿明清建筑，有街道、四合院、酒楼、茶楼、戏园子、水榭、客栈、民房、城墙、江南园林、华北小镇等。全部屋宇约有 280 栋，均以原木古法建造，另有搭景工人 200 余名，可随时因剧情需要而改景搭景。摄影棚区包括大小规格不同的 4 个摄影棚。最大的约 1800 平方米，最小的约 900 平方米。

2008 年 7 月国家中影数字制作基地一期工程在怀柔区正式投入使用，使其具备了影视产业发展的核心资源。中影基地占地 523 亩，是集影视创意、拍摄、后期制作、影视体验等于一体的新一代专业功能聚合型国际级影视基地，共分为 12 个区域。其中包括，总建筑面积达 4 万多平方米的大型摄影棚区，1.6 万多平方米的大型器材服装道具库，1 万多平方米的置景车间。

怀柔影视基地的影视旅游起步于新世纪初的飞腾影视城外景拍摄参观；2009 年，北京老爷车博物馆正式开馆；2010 年，中影基地开放了服

① 赵西萍 . 旅游市场营销学——原理、方法、案例［M］. 北京：科学出版社，2011（1）.

装道具展厅、第6、7号摄影棚影视剧内景景点；2014年4月1日，中影基地全新打造的9号摄影棚正式对外迎客开放。在这里，旅游者可以进行丰富的情境体验，游历于不同的朝代、不同的时空，感受现代科技带来的震撼，触摸历史的积淀。如北京老爷车博物馆，现有老爷车100余辆，都是不同历史时期的经典车型，既有国外的，也有国内的，甚至还有老一辈国家领导人的坐车，如东方红牌轿车、红旗牌轿车、美国道奇、德国奔驰等经典车型，有的藏品还是绝版品牌。游客甚至可以自己选剧本、写剧本、当演员、当导演，在专业人士的辅导下体验影视拍摄过程。

1. 融合业态分析

（1）产业融合度高

星美今晟影视城和中影两大影视基地的雄厚实力产生了强大的集聚效应，张纪中影视文化公司、尤小刚全视听文化科技有限公司、华谊兄弟娱乐投资有限公司等一批著名影视公司纷纷入驻怀柔；同时怀柔影视基地借助中影基地、星美今晟影视城的集聚效应以及区内的红楼梦古都文化园、西游记文化创意产业园等重点影视旅游项目的产业带动效应，积极整合生态观光、休闲度假、会议接待等各种旅游资源，共享产业资源，大力发展以影视体验为主题的文化旅游，形成了初具效应的影视旅游产业链，推动了影视和旅游各自产业链的延伸发展，实现了影视文化产业和旅游产业的高水准融合。

（2）市场潜力巨大

影视旅游市场潜力巨大源于以下几个方面，一是旅游已成为当下人们休闲娱乐的最重要方式之一，随着人们物质生活的日渐丰富，随着人们消费观念的不断转变，选择将旅游作为休闲度假方式的人数越来越多，这为影视旅游提供了巨大的潜在市场；其次是人们的旅游理念已经发生了很大的改变，现在人们越来越追求个性化、多样化、精神化、品质化、体验化的旅游产品，而影视旅游正好满足了这一需求；第三是影视文化产业的迅猛发展，影视旅游的形成在很大程度上源于成功的影视作品，中影基地的落户使得怀柔影视基地具备了发展的核心资源，一大批具有影响力的影视作品为怀柔的影视旅游提供了强大的动力。

（3）旅游产品丰富

怀柔影视基地旅游包括影视城旅游、外景地旅游、博物馆参观、参与影视剧拍摄体验等，旅游形式多样，参观内容丰富。例如，6 号摄影棚还保留着《三枪拍案惊奇》剧组打造的“麻子面馆”的内景拍摄地。棚内还有模拟牢房、动漫木偶制作《绿树林的故事》、窑洞、杂货铺、书局、古玩店、茶馆等供游人参观；外景地体验区有仿明清、民国时期的老北京大街街景建筑群，其中，以老北京“大栅栏”街道为中心，建有多种类型店铺；9 号摄影棚属于欧式别墅的场景，棚内包括军事会议室、火车车厢、钢琴房、咖啡厅、欧式卧室、会客厅等一系列全新的拍摄场景；服装道具博物馆则为游客提供包括服装展厅、红楼梦展厅、民国展厅、明清展厅四种风格各异的参观展厅。

2. 怀柔影视基地发展影视旅游的优势

（1）旅游资源丰富

怀柔区位于北京市北部，被誉为“京郊明珠”。北依群山，南偎平原，层次鲜明地分为深山、浅山、平原三类不同地区，地势南低北高，境内是典型的温带半湿润气候，林木覆盖率 75.1%，空气质量始终保持全市前列，这里有俊美的长城，茂密的原始次生林，四季分明，山清水秀，气候宜人，加之完善的服务设施，人文旅游资源十分丰富。同时，怀柔城区距北京市区只有 50 公里，已经被纳入“首都半小时经济圈”，这样的条件，对于发展影视旅游是得天独厚的。

（2）影视文化产业发展迅猛

怀柔影视基地自建成以来，依托北京作为全国文化中心这一特殊背景，以国家文化大发展、大繁荣为契机，不断提高自身产业建设投入，提升核心竞争力，产业规模迅速扩大，知名度不断提高。如 2009 年以来已先后引进发展影视产业重大功能性项目 16 个，累计完成投资 40 多亿元，集聚影视企业 370 余家，拍摄制作影视作品 1100 余部；中影基地现具有年生产 80 部胶片电影、100 部数字电影、200 部电视电影、500 部（集）电视剧的生产能力。截至目前，这里已拍摄制作《梅兰芳》《建国大业》《红楼梦》等影视作品 100 多部。目前，怀柔影视基地已经初步形成了杨宋镇核心区、怀柔镇红螺山国际动漫产业基地和雁栖镇雁栖湖西岸的红楼梦古都文化园的“一区两园”产业格局。

（3）政策支持

北京市、怀柔区一直高度重视文化创意产业和旅游产业的发展，2006 年，《北京市促进文化创意产业发展的若干政策》出台，同年，北京市设立了两个专项基金——“文化创意产业发展专项资金”和“文化创意产业集聚区基础设施专项资金”，中国（怀柔）影视基地被列入首批北京市重点文化创意产业聚集区；2008 年，怀柔出台相关政策，给予相关企业营业税、所得税、增值税等方面的减免支持；近几年，怀柔旅游局及相关部门陆续制定出台了《怀柔区影视文化旅游发展规划方案》《杨宋地区基础设施规划》《怀柔影视旅游基地景观设计方案》等，不断完善影视旅游产业新格局。

3. 存在的问题

（1）融合的模式单一

怀柔影视基地的影视旅游发展属于延伸型融合模式，即影视基地将产业链延伸到旅游产业，从而实现两大产业融合。这需要影视作品具有强大的吸引力，重新建造出不同的主题公园，以专门从旅游效益中获得经济收益为主要经营方式。然而，对于旅游产业而言，面对影视旅游，更多的是体现出对影视产业的依赖。如何发挥自身优势，探索新的更加高效的融合模式，不断提升自身旅游项目文化内涵，将是今后影视文化产业和旅游产业融合的重要课题。

（2）影视旅游产业人才的培养

影视文化产业与旅游产业融合需要造就一大批既懂影视又懂旅游的复合型高级人才，他们是推动产业发展的决定性力量。融合性的产业需要融合性的人才，需要既有实践经验又有理论层次的跨界人才。当前北京不仅缺少具有创新精神的旅游业专门人才，更缺既懂旅游又懂影视文化的复合型人才，因此，要加快推动影视文化产业和旅游产业融合化发展，就必须建立起相关的人才培养机制。

二、外部融合案例——旅游业与农业融合

旅游业与农业融合发展是当前北京文化创意产业外部融合的重要表现形式之一。随着旅游产业的发展，旅游者的需求不断发生变化，欣赏美丽的自然风光不再是唯一的旅游目的，以休闲度假和体验旅游为目的的旅游活动变得越来越多，名山大川、湖泊海洋等自然资源也不再是旅游资源的唯一供给，民族风情、都市文化等不同类型的旅游资源被不断开发出来。这种无限延伸和不确定性决定了旅游产业融合的必然性。

进入 21 世纪以来，现代农业与其他产业融合现象越来越多，这种现象的出现意味着产业演进范式发生了革命性的变化。传统的农业将逐渐消失，取而代之的是产业边界模糊的新业态。融合现象的发生可以更好地发挥农业经济、生态、社会、服务等功能。

（一）旅游农业概念

旅游农业现象出现于 19 世纪 30 年代，发展经历了三个时期，20 世纪中期为初步发展期，20 世纪八九十年代进入规范化的发展时期，21 世纪进入快速发展时期。

旅游农业在不同的时期、不同的地方有不同的称谓，如乡村旅游、农业观光等。每一种称谓都经历了不同阐释的发展过程，以乡村旅游为例，乡村旅游是早期旅游农业的称谓，旅游者在乡村（通常指偏远地区的传统乡村）及其附近逗留、学习、体验乡村生活模式的活动。[①] 学者刘德谦在对比乡村旅游与农业观光区别之后，对乡村旅游做了进一步的解

---

① 世界旅游组织．旅游业可持续发展地方旅游规划指南［M］．北京：旅游教育出版社，1997.55.

释，所谓乡村旅游，就是以乡村地域及农事相关的风土、风物、风俗、风景组合而成的乡村风情为吸引物，吸引旅游者前往休息、观光、体验及学习等的旅游活动。如果从旅游者的需求重心来划分，还可以将乡村旅游分为传统乡村旅游和现代乡村旅游。①

随着旅游与农业的融合范围越来越广，形式越来越多，旅游农业的概念被广泛地使用。旅游农业是指以现代农业为依托，并在不影响农业的自然生态再生产的基础上，挖掘其特有的旅游要素发展起来的农业与旅游业有机结合的一种现代农村的新兴交叉行业。这种开发是将农业和旅游融为一体，一般配置在风景区和旅游观光热线上，与其他类型的旅游景点相结合。例如，在著名的旅游景点周围发展观赏植物、人工草地以及风景林，改善旅游环境；在旅游线上开放有特色的果园、茶园、花园、菜园、牧场、渔场等，让游客进园观光、游览，增长知识，开阔视野，游客还可以自采购买农产品。②从旅游农业的定义可以看出，农业是旅游农业的基础，旅游活动的进行应该建立在不能影响农业自然生态的再生产基础之上，应该注重对农业特色产品的挖掘。

旅游农业无论是对农业还是对旅游业的发展都有积极的推动作用，随着社会经济的发展，旅游农业这一现象逐渐受到重视。2001 年国家旅游局将旅游农业列为当年的全国工作要点，并且在 2003 年进一步将北京韩村河等 203 个单位定为全国首批农业旅游的示范点。

（二）北京旅游农业产业现状

从 2001 年开始，北京的旅游农业到目前为止已经经历了 13 年的发展，当前旅游农业产业链已经基本形成。北京市的旅游农业根据不同的地理位置，不同的优势，打造各具特色的旅游区。例如，朝阳区打造了蟹岛度假村和北京朝来农艺园，顺义区打造了三高奥圣农业技术开发中心，海淀区打造了锦绣大地旅游风景区等。

---

① 刘德谦．关于乡村旅游、农业旅游与民俗旅游的几点辨析［J］．旅游学刊，2006（3）．

② 应瑞瑶，褚保金．“旅游农业”及其相关概念辨析［J］．社会科学家，2002（9）．

尤其值得注意的是京郊山区打造的特色项目。在北京的旅游农业资源中，京郊山区因为占北京市总面积的62%，成为北京旅游农业产业资源的重要组成部分。山区县根据特有的旅游要素打造了一系列的特色项目，例如，2006年，怀柔区打造了“雁栖不夜谷”和“夜渤海”两处特色项目；2008年，打造了喇叭沟门乡的“白桦谷”、琉璃庙镇的“溪水湾”、渤海镇的“栗花沟”、九渡河镇的“水长城”等四处生态农业公园。密云县根据处于水库区的优势，开发了以“渔文化”为主题的环水库生态旅游，打造了一条全长为80公里的云蒙风情大道，主要包括特色餐饮、垂钓娱乐、销售有机农产品等特色旅游项目；延庆县打造了四海镇花卉产业项目和千家店镇百里画廊项目；平谷区打造了黄松峪、将军关特色休闲产业项目；房山区将蒲洼沟打造成以休闲度假为主的特色生态旅游区。[①] 为适应消费结构层次的不断分化和供给层面的多样化、多元化趋势，市农委于2012年启动了休闲农业星级园区评定，委托北京观光休闲农业行业协会组织实施，评出155个星级休闲农业园区（2014—2016），其中五星级园区15家，四星级园区30家，三星级园区84家，二星级园区19家，一星级园区7家。

在各级管理部门、企业集团、集体和农村个人的共同努力下，北京旅游农业发展快速，不仅仅旅游者人数逐年增加，而且产业布局越来越广泛，产业类型越来越丰富，打造了以“吃农家饭、住农家院、观自然景、赏民俗情、享田园乐”等为主要内容的特色旅游，形成了家庭旅馆、特色餐饮、观光农园、观光果园、休闲渔场、民俗节庆等乡村旅游产品系列，基本形成了完整的乡村旅游产业链。[②]

（三）北京旅游农业融合开发模式

北京旅游与农业融合开发主要依靠四种开发路径：第一种路径是由

---

① 吴春霞，刘瑞涵，何忠伟. 北京沟域经济背景下山区生态旅游市场开发研究［J］. 中国农学通报，2010，26（14）：400–404.

② 刁志波. 北京市民的乡村旅游行为特征分析与解释［J］. 黑龙江对外经贸，2010（3）.

政府主导的开发经营路径。这种路径由政府主导统一规划设计，通过组织整理农村集体农业和旅游资源，争取政策扶持资金或财政补贴，引入科技和文化创意元素；第二种路径是由市场主导，企业开发经营路径。这类路径企业是开发的主要负责者和执行者，特点是规模较大，管理运作较专业；第三种路径是集体开发经营路径，在这种路径中，集体是主要的组织者和执行者，集体共同管理，吸收社会资金、技术、人才等要素；第四种路径是个体开发经营路径，这种路径必须依靠政府科学指导和完善服务提供，由农村农户个体或合伙开发组织整理现有农业和旅游资源，这种路径主要以农家乐、农耕体验为开发模式。与前面三种路径相比，这种路径的数量大但规模小。①

根据不同的特色和不同的开发路径，北京旅游农业融合开发主要分为四种模式：休闲度假村模式、农业主题公园模式、农产品加工模式和农家乐模式。

1. 休闲度假村模式

法国学者杜马兹迪埃认为所谓的休闲，是指个体从家庭、工作和社会义务中解放出来，进行休息放松和消遣娱乐，它强调的是自由自在和随心所欲。休闲度假旅游是指以休闲为目的到各地进行游览、娱乐、观光和休息的旅游活动。②休闲度假旅游是一种放松、自由的旅游活动，在欧美它是占据主导地位的旅游产品。近几年，由于小长假的推行，人们生活水平的提高和交通越来越便利，越来越多的城市人会选择周末或者假期到郊区进行短途休闲娱乐旅游。据统计，2013 年从到郊区出游的频率上看，每年至少 1 次的约占 36. 4%，每年 2 次的约占 27. 0%，每年 3 次的约占 23. 5%，每年多于 3 次的约占 13. 1%。③

休闲度假村模式是指为了满足旅游者休闲度假目的而建设的休闲度

---

① 钱静，朱启酒．北京都市农业生态旅游文化创意产业融合的路径选择［J］．农业技术装备，2013（1）．

② 周丽，郑善龙．休闲度假旅游与新农村建设新思考［J］．全国商情，2011（9）．

③ 齐双，付华．北京郊区休闲度假旅游市场现状调查研究［J］．首都师范大学学报（自然科学版），2013（4）．

假村。在这一模式中，休闲度假村给游客提供住宿、饮食、娱乐、购物等服务。蟹岛是北京旅游农业休闲度假村模式的代表。蟹岛成立于1998年，位于朝阳区东北部的金盏乡，地处温榆河畔，总占地面积为3180亩，其中旅游度假用地为130亩。蟹岛的特色是建立了一个以有机产品种植、养殖和加工为依托，以农业观光、娱乐休闲、旅游等多种功能为一体的农业生态园。蟹岛种植的农作物品种多样，既有玉米、大豆、小麦等农田作物，也有品种多样的水果、蔬菜等温室大棚作物。除了种植以外，养殖和农产品加工也是蟹岛的一大特色。蟹岛养殖了鸡、鸭、猪、螃蟹、鱼等有机产品和加工生产了豆腐、食用油、各类酱菜、醋、酱油等有机食品。依托高科技、无污染的有机农业，旅游业逐步发展成为蟹岛发展的支柱。绿色生态成为蟹岛旅游的核心特色，每天都有不少的游客到蟹岛旅游休闲，在蟹岛，旅游者可以吃到新鲜、绿色、安全的有机食物，肉是现杀现吃的、鱼和螃蟹是现捞现吃的、蔬菜也是现摘现吃的。

因为绿色生态特色突出，蟹岛取得了很多的荣誉。2000年9月，蟹岛被中国环境科学学会正式定为北京绿色生态园基地；2003年，蟹岛通过了绿色环球组织“绿色环球21世纪”认证体系，成为该组织在中国认可的第一家旅游生态村；2004年4月，蟹岛被国家旅游局评为全国首批“农业旅游示范点”。

经过十几年的努力，蟹岛形成了一个以园养店、以店促园、农游结合的“前店后园”经营模式。[①] 极大地促进了农业快速发展，为当地农业经济的发展做出了积极的贡献。

休闲度假村模式取得了较好的发展成绩，除了蟹岛以外，北京还有很多规模不同、特色不同的休闲度假村。休闲度假村在今后的发展中，需要在提供绿色农产品的同时，注意在定位上有特色，注重调查市场和消费者的需求，尽可能地满足消费者休闲度假、娱乐、购买绿色产品等多方面的需求。

---

① 李胜．北京蟹岛都市循环农业模式分析［J］．中国农村经济，2008（12）．

2. 农业主题公园模式

主题公园是为了满足旅游者多样化休闲娱乐需求和选择而建造的一种具有创意性活动方式的现代旅游场所。它是根据特定的主题创意，主要以文化复制、文化移植、文化陈列以及高新技术等手段、以虚拟环境塑造与园林环境为载体来迎合消费者的好奇心、以主题情节贯穿整个游乐项目的休闲娱乐活动空间。①

农业主题公园是旅游与农业融合的产物，是以农业产品为主题创意，为了满足旅游者多样化休闲娱乐需求和选择而建造的一种具有创意性活动方式的现代农业旅游场所。

南瓜主题公园和乐平御瓜园是农业主题公园的代表模式。南瓜主题公园建于 2008 年，位于通州区于家务回族乡，投资 3850 万元，总占地面积 3200 亩，其中以农业休闲为主题的南瓜都市观光园占地 500 亩，拥有 12000 平方米的南瓜品种展示大棚，种植的南瓜品种超过了 300 种，是北京最大的农业观光南瓜园。游客可以在南瓜园品尝到南瓜宴，购买到南瓜油、南瓜子等相关产品。由于采用的是大棚种植技术，旅游不受时间限制，游客可以一年四季参观游览。

南瓜主题公园的建设延长了南瓜产业链，对南瓜种植农民的收入起到了非常明显的拉动作用，农民每亩特色南瓜可以增收 5000 元。②

乐平御瓜园位于“中国西瓜之乡”大兴区庞各庄镇，2008 年投资兴建，2009 年投入使用，是一家以西瓜、甜瓜为主要经营、兼顾瓜果、蔬菜种植、科普教育、观光采摘、休闲娱乐、农事体验为一体的综合农业生态园。乐平御瓜园的西瓜品种多，口感好，每年定期举办西瓜节。在西瓜节期间，游客不仅可以购买到各类西瓜产品，而且还可以买到新鲜桑葚、有机樱桃、水蜜桃、凯特杏、新鲜蔬菜、大兴甘薯、桑果加工产品、旅游纪念品、新品蝴蝶兰等 100 余种其他产品。乐平御瓜园中不仅有中外各种西瓜品种、培育方式和新式农业生产技术，而且还有西瓜诗

① 百度百科［OL］.http：//baike.baidu.com/link?url.

② 本市首家“南瓜主题公园”开园［OL］.http：//www.bjd.com.cn/bjxw/bjsh/shfz.

词欣赏、传说典故、雕塑造型。御瓜园种出了文化、种出了科技创新，现在被人们称为西瓜博物馆。①

乐平御瓜园建成后，因为独具特色，每年有大量的游客前去参观、游玩，品尝和购买西瓜产品，这极大地促进了当地农民的生产积极性，现在已经带动了2000多农户从事西瓜产业方面的生产，年销售收入达到2500万元。

农业主题公园模式是旅游与农业融合的产物，它以某种或某几种农产品作为主要种植对象进行大规模的种植，在种植农产品的同时，积极对农产品进行相关的生产和开发。通过举办各种活动吸引旅游者到园区观光、采摘、品尝、购买。活动种类多样，时间不一，大都以农产品成熟的季节为主，如大兴区的西瓜节、海淀区的樱桃节、昌平区的苹果节和草莓节、通州区的螃蟹节、怀柔区的板栗旅游文化节、慕田峪金秋游园会、平谷区的桃文化节，等等。

农业主题公园依靠创意主题设计和旅游服务推动项目运行，所以主题公园的主题选择就显得尤为重要。对于农业主题公园来说，要根据地域特征，根据旅游市场实际情况和旅游者的需求，选择有代表性、有特色的农业作为主题，不要盲目抄袭，不要盲目跟风。活动形式要多种多样，要有季节特色。

此外，要赋予农产品文化内涵，充分发挥农业的文化功能，“农业不仅具有食品保障功能，而且具有原料供给、就业增收、生态保护、观光旅游、文化传承功能”。文化创意、旅游与农业的完美融合，农业主题公园才能发挥最大的社会功能和经济功能。②

3. 农产品加工模式

农产品加工模式是指旅游农业融合的产品是以农产品加工为主的模式。平谷区的桃产业是农产品加工模式的代表。平谷区果品种植总面积

① 乐平御瓜园变身博物馆［OL］.http：//news.163.com/09/0623/07/GR.html.

② 王爱玲.再论北京农业的功能——大力培育服务功能和文化功能［J］.河北农业科学，2011，15.（7）：60-64，76.

为36万亩，其中桃树种植面积达到22万亩，是世界最大的桃园。拥有白桃、黄桃、油桃、蟠桃等四大系列200多个品种，其中主栽品种多达50多个。平谷区的桃产业在提供鲜桃的基础之上，重点开发了桃产品的深加工。例如，平谷区大华山镇引进的北京绿源桃木雕刻工艺品有限公司，其以桃木为原料，开发了一系列具有桃文化的旅游纪念品，如桃木梳、桃木剑、桃符、桃木手链、桃木坠、桃木生肖、桃木如意、桃木镇纸、桃木笔筒、桃木观音、桃木诗，等等。这些产品受到了旅游者的喜爱，是游客到平谷旅游最爱购买的旅游纪念品。

四马台村位于北京房山区霞云岭乡，平均海拔900米，距北京市区约103公里，以百花争妍的高山草甸景观和独特的山地气候为主要特征。四马台村以打造绿色经济为发展基础，充分利用337.3万平方米的杏树资源，投资3000余万元进行杏产品的深加工，如以杏为主的工艺品、杏干、杏仁等。此外，发展特色养殖产业，建养蜂园，开发蜂王浆、蜂蜜等蜂产品，供旅游者参观和购买。

4. 农家乐模式

农家乐模式是由个体经营者为主开发经营的模式，与休闲度假村相比，它更灵活，非常适合城市人在假期或者周末短途旅行。农家乐的旅游活动主要由田园风光观赏、农耕活动体验和农家美食品尝构成。只要有一定地理位置、自然环境条件的农村都可以开办农家乐。目前，在平谷、密云、怀柔、昌平、房山等地出现了许多具有特色的农家乐，如密云以烤鱼宴为特色的农家乐，延庆以柳沟豆腐宴而著名的农家乐，昌平区麻峪房以农事为特色的农家乐等，农家乐旅游已经成为北京近郊旅游的亮点。

农家乐为当地农民带来了极为可观的收入，据2013年调查，“农家乐”经营者月平均收入在3000元以下的占10%，收入介于3000~5000元的占20%，5000~10000元的占50%，收入超过10000元的占20%。[①]

① 齐鑫，朱艳楠，郑丽．北京郊区“农家乐”旅游发展现状调查及研究［J］，旅游纵览，2013（8）.

很多农民借助开办农家乐走上了脱贫致富的道路。

在北京旅游与农业融合发展中，休闲度假村模式、农业主题公园模式、农产品加工模式和农家乐模式这四种主要模式的使用不是单一的，而是多样化搭配组合的。而且，模式也不是一成不变的，随着市场的改变，模式也会进行相应的调整，但究其根本，旅游与农业的融合开发模式应该以满足旅游者的旅游需求、调动旅游者的旅游积极性为目的，以赋予农产品文化内涵为宗旨，以大力提升农产品价值为追求展开开发。

虽然现在的模式对当地的经济和社会文化的发展起到了积极的促进作用，但是，还存在旅游与农业融合层次不高、形式较为单一、创意不足、文化赋予不够等问题。旅游农业融合的开发还有很长的一段路程需要去走，需要旅游、农业相关领域的从业者、管理者、研究者的共同努力。

（四）北京旅游农业融合的意义

旅游与农业的融合无论对于旅游产业还是农业产业的发展来说都有较大的意义。

1. 对农业发展的意义

旅游与农业融合的意义主要表现在三个方面：

第一，提高了农业的经济效益。经济效益的提高主要体现在旅游与农业融合产品的增值方面。首先，融合之后的农产品价格是传统模式生产的农产品的几倍，甚至几十倍。如樱桃在市场一般的售价为十几元一斤，而在采摘园可以卖到上百元一斤。其次，通过开发相关产品的方式，最大限度地发挥农产品的价值。以平谷区为例，平谷区的桃产品开发不仅提高了桃产品的文化附加值，而且大幅增加了桃产品的经济收入。随着桃产品质量的提高，桃产品被越来越多地方的人喜欢，销售的地区越来越广，不仅销往国内 20 多个省区市，而且出口到俄罗斯、法国、荷兰、韩国、日本、新加坡等十几个国家和地区，创产值 1 亿多元，出口创汇 1000 多万美元。

第二，给农民提供了更多的就业岗位，增加了农民的收入。例如，大兴区采育镇以生产葡萄酒为加工重点，通过开发佐佳、金沙、阳光波尔多等葡萄酒庄园，为当地农民提供了超过1500个就业岗位，使他们的收入超过了5000万元。密云蔡家洼大力开发大豆产品，带领全村开展种植大豆和加工豆腐生产，就业人数超过5000人。

第三，促进了循环产业的发展。旅游与农业融合，一方面促进了农产品产品价值的增加，另一方面也在某种程度上促进了循环产业的发展。以平谷区桃产业为例，在出售鲜桃和加工桃工艺品之余，平谷区南独乐河镇南独乐河村将废弃桃树枝加工成菌棒发展香菇产业，年生产能力可达500万棒。生产蘑菇后的废旧菌棒也能二次利用，可以将其作为生产清洁能源的原料，变废为宝。通过发展桃产业，带动发展了食用菌产业及生物质成型燃料产业，南独乐河村靠循环农业模式实现了可持续发展，实现香菇和废菌棒肥料的双丰收。①

旅游农业融合发展为北京市农村经济的发展做出了巨大的贡献，"农业是北京市广大郊区农村和山区的主要经济基础，发展农村和山区经济是北京市实现全面现代化的重要前提。发展农业旅游可以使原本经济效益较低的农业融入旅游经济过程中，不仅可以解决一部分居民的就业问题，还可以显著增加居民的收入。可以说农业和旅游业的融合是最近十年北京农村经济发展的最大亮点之一。"②

2. 对旅游的发展意义

北京旅游与农业的融合对旅游的发展意义主要表现在两个方面：

第一，丰富北京旅游资源。北京历史悠久，有着丰富的历史文化资源，是世界上历史文物最多的城市之一，有故宫、颐和园、北海、长城、八达岭等经典的历史文物资源。除了丰富的历史文物资源以外，还有水立方、鸟巢、CBD商圈、国家大剧院、首都国际机场等现代都市

---

① 石进朝，朱启酒，钱静．都市农业、生态旅游、文化创意产业融合之价值研究［J］．北京农业职业学院学报，2013（1）．

② 张佰瑞．产业融合与北京旅游业的发展［J］．城市问题，2009（9）．

旅游资源和商务会展、潘家园古玩艺术品交易园区、中关村创意产业基地、798艺术区等文化资源。旅游农业产品的开发，进一步丰富了北京的旅游资源。

第二，提高北京旅游产业收入。目前，北京旅游的总收入来自三个部分，分别为入境旅游收入、国内来京旅游收入和市民在京旅游收入。从三种收入来看，北京旅游产业收入主要来自国内来京旅游收入，入境旅游收入和市民在京旅游收入远远落后于国内来京旅游收入。旅游农业产品的开发，可以满足北京市民短途旅游和生态旅游的需要，开发旅游农业项目和打造旅游农业品牌可以吸引越来越多的北京市民在京旅游消费，从而提高北京旅游产业收入。

旅游和农业的融合可以形成农业旅游和新农村建设的互动机制，可以提高旅游的收入，可以促进农村经济、文化、生态全方位的发展。可以说，产业融合是今后各产业的发展方向，也是今后北京等产业区域农业产业结构优化与升级的必然趋势。

第六章　北京市文化创意产业融合发展对策建议

纵观近期的文化产业政策，关于融合的政策频出。包括：3 月 14 日，国务院发布《推进文化创意和设计服务与相关产业融合发展的若干意见》；3 月 17 日，国务院印发《关于加快发展对外文化贸易的意见》；3 月 25 日文化部、中国人民银行和财政部联合下发《关于深入推进文化金融合作的意见》。这些意见的出台无疑是为了加快文化创意产业融合发展的步伐，北京市文化创意产业的发展更应结合国家相关政策的顶层设计，研究解决文化创意产业融合带来的相关问题的对策和建议。

文化创意产业具有综合性、渗透性、高度关联性的特点，它自身与多个产业存在着天然的耦合关系，因此融合的情况在文化产业界更为突出。在促进北京市文化创意产业融合发展的过程中，要在理念上认同融合是产业发展的一种常态，技术进步、管理创新、政策调整、社会需求变化等因素都促使不同产业之间相互渗透，带来业务与市场的融合；促进甚至是不同地域分布的同一产业内部相关产品和业务、不同产业之间业务与市场的融合。

要在政府政策制定、非政府组织作用和企业发展战略上，推动文化产业与相关产业融合。建立促进文化产业与相关产业融合发展的完善的政策体系，为产业融合发展营造良好环境，给文化创意产业与相关产业融合发展提供政策支持，特别是要根据产业发展的形势变化，适当降低一些行业领域的准入门槛，促进形成统一开放、竞争有序的市场体系。

利用文化价值、文化理念、创意等向相关产业渗透，嵌于其研发、设计与品牌营销等高端价值链环节，提升相关产业的附加值，推动相关产业升级。此外，在文化创意产业融合的理念上，未来的融合应是一种多元融合，既有与科技的融合、与相关产业的融合，也有与金融资本的融合，要根据文化发展的需要加强顶层设计。

一、政府层面

文化创意产业融合将推动政府的文化行政理念、文化行政职能、文化行政方式等的进一步改革，建立现代型政府文化管理模式是文化创意产业融合发展的必然要求。特别是从管理体制角度来说，传统的政府文化管理大多数是在“产业分立”背景下产业界限相对明晰时所形成和实施的，它们仍然是文化产业融合发展的主要障碍之一。在产业融合发展趋势下，传统产业分立的多重管制体制将不再适应文化产业融合的发展原则和要求，产业的游戏规则将不可避免地发生变化，这些变化将直接或间接地影响到现行的政府管理体制，对传统管制的内容及标准形成较大的冲击，不得不引起我们对政府管理模式变革的思考。

（一）探索“大部制”的融合型政府管理模式

中国文化方面的管理是多个部门在负责，文化部、国家新闻出版总署、国家广播电影电视总局、国家文物管理局、国家知识产权局、国家旅游局、国家体育总局等都在不同的角度上行使着文化有关的管理职能，这也在一定程度上造成了文化管理职能的交叉、重叠、政出多门、沟通难、协调难等方面的问题。

十七大报告提出，要“加大机构整合力度，探索实行职能有机统一的大部门体制，健全部门间协调配合机制”。这一有关大部制改革的思路，引起各方的关注。

按照大部制的思路调整政府相关文化管理组织结构，无疑会对政府的文化管理和社会文化发展产生重要影响。实行文化大部门体制管理，不仅是文化产业融合发展的现实需要，也可以大大减少政府文化部门之间“九龙治水”现象为“一龙治水”，或者接近于“一龙治水”，同时，通过政府部门的整合和调整，能进一步理顺部门之间的职能，减少机构的数量，减少过多的协调和沟通的环节，这对提高行政效率、降低行政成本也具有重要意义。

例如，在网络的信息管理方面，我们从传统思维出发，按现实空间的管理模式将网络信息服务分成四个类型：网络文化、网络出版、网络学术、网络新闻，四个类型概念交叉、略有区别，被分给不同的职能部门去进行分类管理。尽管这样交叉管理便利但容易造成资源浪费，效果也欠佳。如果换一种分类方式，以网络信息存在的物质形式和以人为中心的服务内容为分类方式，区分物质的存在与人的需求，将网络信息服务分成载体和内容两个部分来管理，就像今天的电视和电信服务一样，不管是用户还是管理部门，对线路服务商和内容提供商的功能和责任是不会混淆的。①

文化企业资产兼有意识形态属性和商品属性，具有不同于一般企业资产的特殊性和复杂性，北京市政府为了创新文化创意产业的管理模式，于 2012 年设立北京市国有资产监督管理领导办公室，简称文资办，其主要职责是做好北京市国有文化资产管理基础工作，促进文化企业做大做强和文化产业布局、结构战略性调整等。文资办的成立，是北京市创新文化管理体制机制改革的一大重要举措。党的十七届六中全会明确提出要“发挥首都全国文化中心示范作用”；北京市委十届十次全会《关于发挥文化中心作用、加快建设中国特色社会主义先进文化之都的意见》明确提出：要“创新文化管理体制，按照管人管事管资产管导向相结合的要求，组建国有文化资产监督管理机构，统筹规划和实施文化改革发展相关工作，负责文化投资、资本运作、国有文化企事业单位资产

---

① 熊澄宇．文化产业研究战略与对策［M］．北京：清华大学出版社，2006.

管理及文化创意产业园区、重大文化项目、重点文化工程的规划立项和组织实施。”

要促进文化产业的融合发展，跨部门、跨领域、跨行业的整合资源、分工协作的综合工作协调模式尤为重要。北京市政府部门应该进一步发挥文资办、文化创意产业促进中心等文创企业管理部门的作用，要对现有过时的、互相牵制的管制部门进行精简和整合，尽快形成条块结合的、辐射联系的管制模式，打破部门分割及行政垄断局面，打破部门、行业的界限，形成统一开放的市场，在产业间形成合理的经济联系，加快推进产业间的融合进程。

（二）放松管制，优化产业融合的配套政策

文化创意产业在于传统产业融合的过程中突破原有的产业边界，形成新的产业，因此，需要政府创造宽松的制度环境和合理的政策来支持和规划，不断引导文化创意产业突破原边界的融合。在促进文化创意产业和相关产业转型升级的过程中，政府相关部门要高度重视体制机制的保障作用，从制度上、程序上减少并规范各类行政干预行为，放松产业管制。在具体操作层面，可以通过清理繁杂的行政许可项目审批的工作，减轻企业负担。各级政府要着力做好文化创意产业融合的引导工作，要注重对企业的分类指导，促使其优质融合发展。

第一，以规划为统领，形成文化创意产业融合发展的联动机制。

参照中国对创意产业的具体分类，可以看出北京目前的文创管理体系并不适应创意产业的融合发展，这主要表现在：文化部主管文化艺术、影视音像、新闻出版等产业；信息部门主管与通信、网络相关的软件、游戏、动漫等内容产业；经济部门则主管与传统产业相关的各类设计、广告商标、咨询策划和会展等产业，这种条块分割式的管理模式制约了产业间的融合与渗透能力，造成资源配置效率不高。

以促进北京市文化创意产业融合发展为目的，成立市政府层面的议

事协调机构，科学制定文化创意产业与科技、金融融合发展规划，推进文化产业与科技、金融融合的联动机制。议事协调机构有利于发挥针对文化企业融合发展的专题咨询、企业间的联席会议、定期会商和业务交流等方面的作用，有利于加强文化创意企业跨行业、跨部门、跨所有制乃至跨区域对接联合，引导科技、资金等要素资源不断向文化创意产业集聚区和优势文化企业聚集。

第二，以创新为保障，完善文化创意产业融合发展的支持政策。

坚持创新是企业的灵魂，鼓励高校、科研院所、金融机构的科研人员开展相关文化科技和金融创新研究，实施成果转化，为文化产业发展提供技术保障。支持文化创意园区管委会、文化创意产业融合基地等政府服务部门建设技术创新服务平台，同时鼓励一些文化企业设立重点实验室和工程技术研究中心，解决融合的技术瓶颈等问题，引导和促进文化创意产业的融合发展。

制定文化科技融合企业鉴定标准，出台对符合文化创意产业融合企业标准的税收优惠政策。目前在文化产业中与科技相结合较为紧密的动漫游戏、数字出版等企业因可以申请高新技术企业认定，有部分可以享受北京高新技术企业的税收优惠政策。但在实际过程中，往往由于市场主体缺乏相关了解，导致未能享有。因此，可在制度层面建立由北京市文化局牵头的，协调文化创意产业相关机构及文化创意产业行业联盟与协会等组织的协作机制。

第三，以宣传为手段，加大产业融合的推介力度。

文化创意产业是国民经济的重要组成部分，具有较高的渗透力和附加值，不但能提升和改进其他行业产品价值，为各个产业关联提供了良好的条件，还能够全面提升人们的生活水平和文化素质，增强区域的硬实力和软实力。政府要促进文化创意产业的融合发展，必须充分调动文化部门、宣传部门等进行大力宣传推广。一方面组织专家学者定期开展论坛、沙龙等各种交流活动，研究文化创意对其他行业的转型升级作用；另一方面通过广播电视、报刊、网站等媒体扩大对文化创意产业和传统制造业等相关产业融合的成功案例的报道、展示。

第四，放宽市场准入，做大做强与科技、金融融合的文化企业。

首先，积极发展培育一批核心竞争力强的国有文化企业，对国有文化企业跨地区、跨行业、跨所有制兼并重组和上市融资给予资源和政策上的支持。

其次，放宽市场准入，大力发展民营文化企业。鼓励和引导非公有资本以独资、合资、合作、联营、参股、特许经营等多种形式公平进入文化产业领域。

第五，完善文化创意产业知识产权保护体系。

逐步建立健全知识产权保护的法律体系，一方面通过增强宣传教育力度、加强执法力度，严厉打击侵权盗版行为；另一方面采取多种技术手段，尤其对文化创意产业融合产生的新兴文化创意产业的知识产权进行保护，加强新环境下的公众知识产权保护意识等。

随着传统产业与互联网产业的不断融合，网络信息使传统产业的市场需求分析、产品策划以及产业链上下游的管理都加以改进，提高了生产经营效率。技术、信息、资金等都可以通过编码化在各个企业和消费者之间实现互联互通。然而，融合后的产业同时也存在着新的风险。网络及其相关服务的安全性、可靠性、保密性就变得至关重要。因此，需要政府加强网络立法和监督，保障生产者、消费者、中间商等各方的信息安全和合法权益。

《关于推进文化创意和设计服务与相关产业融合发展的若干意见》文件强调了深入实施知识产权战略，加强知识产权运用和保护的重要性。北京市政府宣传部门应该进一步加强商标法、专利法、著作权法、反不正当竞争法等知识产权保护法律法规宣传普及；在文化企业融合发展的过程中，鼓励企业、院校、科研机构成立战略联盟，引导创意和设计、科技创新要素向企业聚集，加大联盟知识产权管理能力建设，推行知识产权集群式管理。

（三）建立全面的人才体系，消除文化产业融合的人才瓶颈

人才是创新、创意活动的主体，是文化创意产业融合发展和持续繁荣的关键。

传统产业与文化产业融合使得企业市场扩大、业务增多，传统产业各要素与文化元素相互渗透，带来了更多的就业岗位，同时产业融合的发展趋势也意味着未来对跨行业复合型人才的更多需求，不仅需要创意设计人才，也需要制造、营销、网络等各行业知识的复合型人才。因此，北京市应坚持以人力资源开发为重点，培养具有领先的策划能力、文化产品创新能力、市场营销能力和开放的国际视野的优秀文化创意人才和市场经营管理人才。①

首先，坚持培养与引进相结合的原则。在人才培养上，着重培养文化产业与科技、金融融合的复合型人才。可以采取支持高校设立文化科技交叉学科；支持科研院所开展文化科技专业研究生培养；以及加强对有关园区、基地的管理人员的培训等措施。在人才引进上，将文化人才纳入特殊人才政策范畴，大力吸引国内外高层次文化科技人才，尤其是文化领军人才。对于引进的人才在子女入学、就医就业、税收返还等方面给予优惠政策。同时，为复合型人才、团队与研究机构的形成、发展提供更为有效、完善的条件。

另外政府应该鼓励和引导企业进行文化产业融合相关技术投资，并承担相应的配套工作，加强劳动力培训，对研究和开发工作给予充分的政策支持，和企业一道积极改变员工对传统文化产业知识的“惯性”，培养员工掌握更多更新的复合型知识和技能。以中关村科技园区对职工教育经费的支持政策为参考（参见《财政部国家税务总局对中关村科技园区建设国家自主创新示范区有关职工教育经费税前扣除试点政策的通知》和《财政部国家税务总局对中关村科技园区建设国家自主创新示范区有关股权奖励个人所得税试点政策的通知》），研究并制定文化企业职

① 王月兴等．改善北京文化创意产业的发展政策［J］．投资北京，2006（11）：102.

工教育经费税前扣除和股权奖励个人所得税制度，支持文化创意产业融合发展的人才培养。

（四）促进北京市文化创意产业集群化发展

文化创意产业的前向和后向关联性比较强，因此，在上下游产业关联基础上，设立文化创意产业集聚区，增强产业内部的凝聚性，发挥外部规模经济效应，打造创意产业的特色基地是一种可行之举。因文化创意产业涉及新闻出版、网络及计算机服务、广告会展、文化艺术等多个领域，各个行业在北京发展的基础不同，竞争优势不同。目前北京市各区县都提出发展文化创意产业，在文化创意产业发展定位及文化资源上已经出现了雷同、争夺的现象。如何形成差异定位，突出各自的特点，已经是一个需要思考的战略问题。

北京发展创意产业必须紧密结合城市特点和现有产业基础，积极推动、扶持符合首都功能定位的新闻出版、广播影视、文艺演出、动漫和网络游戏、文化会展、古玩艺术品交易等重点行业的发展，培育一批规模较大、实力较强的品牌企业集团，增强北京文化创意产业的核心竞争力。[①] 鼓励领军企业加快发展。形成一批规模型、龙头型的领军企业，打造一批与科技、金融融合的现代大型文化企业集团。大力引进国外知名文化企业，尤其是在我国文化产业发展重点领域范围内的国际知名企业。在文化创意产业聚集区规划和管理的过程中，可以通过以下几种途径促进文化创意产业集群化发展：

第一，推动特色产业集聚区建设。搭建聚集区公共服务平台，为园区企业和机构提供资讯服务、技术支持、决策辅助等各种服务；要发挥产业的关联效应，应重视龙头企业的示范作用，以优惠政策努力吸引国际知名企业入住园区，继而带动中小企业进入园区，形成文化创意产品的研发商、运营商、发行商、销售商及周边服务商之间共同发展的特色

① 赵瑾璐，潘志恒．浅析北京文化创意产业的发展［J］．中国特色社会主义研究，2007（2）：83.

产业发展生态链条，充分发挥产业集群所带来的集聚效应。

第二，打造特色首都文化创意企业和聚集区品牌。① 通过整合、挖掘北京丰富的历史文化资源，打造创意街区、创意胡同等具有浓郁北京特色的文化创意集聚区。北京应该树立品牌意识，从战略高度重视企业、聚集区的品牌建设，提升文化创意企业的品牌竞争力。②

第三，在地域上，要在政策制定上推动京津冀文化产业的融合发展。要充分利用北京市文化、科技、教育等方面的先发优势，在政策制定上注重强化首都职能，突出首都特色，不断增强城市的综合辐射带动能力，力争使文化成为京津冀区域协同战略中排头兵和重要抓手。

（五）推进北京文化创意产业国际化进程

北京文化创意产业融合的发展不能局限在北京、国内的文化创意产业，必须定位为打造具有国际水准的中国文化创意产业品牌，以提升国际竞争力为文化创意产业的发展目标。

具体来说，可以从以下几个方面入手，推进北京文化创意产业的国际化进程：

第一，吸引跨国文化企业落户北京，开展总部经济模式。北京市文化创意产业发展迅速，在对外文化贸易中也吸取了一定的国际经验，具备了国际化发展的基础。以强大的首都传统文化为基础，通过激活全民族的创意潜力，通过文化创意产品展示一个新的北京形象。良好的市场条件对于一些大的跨国文化企业落户北京颇具吸引力，因此可以通过鼓励跨国文化创意企业在我市设立研发总部和经营总部，以总部经济模式促进北京市文化创意产业发展。

第二，完善扶持文化创意产业出口的相关政策。制定文化创意产业出口相应的税收、信贷、外汇、保险等政策，完善相关法律法规；保护

---

① 赵弘，唐勇．北京文化创意产业集聚区建设研究［J］．北京市经济管理干部学院学报，2008（3）13—14.

② 尹晴碧．北京文化创意产业的发展状况及策略［J］．企业科技与发展，2008（8）：157.

国内文化创意产品在海外的知识产权，加强品牌保护，鼓励具有自主产权产品的文化创意企业积极拓展国际市场；根据文化创意产业的分类，制定不同的产品出口退税政策等。

第三，打造文化创意产品专业出口支撑平台。在文化创意产业研究基地、高校、科研院所设立专业的文化创意产业出口辅助部门，研究国际文化创意产业发展的最新趋势、文化创意产品出口政策以及其他国家推动文化创意产业国际化的相关政策措施等，为政府制定文化创意产业国际化政策提供信息支持。打造专业出口支撑平台，借助平台的国际影响力和海外销售渠道，扩大北京文化创意产品的海外市场。

二、社会层面

文化产业发达国家的文化体制大都为非政府文化组织发挥管理作用保留了较大弹性空间，非政府组织在其中扮演着不可或缺的角色。以美国为例，美国没有专门的文化行政部门，但并不等于政府对文化的管理无所作为，政府拨款是其干预文化发展的基本途径，然而联邦政府不直接对文化机构拨款，而是通过国家艺术基金会、国家人文基金会和国家博物馆图书馆学会等非政府组织对文化实施资助。因此，北京文化创意产业融合的发展离不开社会层面的非政府组织的参与，如文化创意产业协会、文化创意产业联盟、文化创意产业基金会等。

（一）依托文化创意产业协会，对接政府职能部门

产业协会作为最重要的中国非政府组织之一，在促进产业结构升级中越来越起到不可忽视的作用，主要表现在对本行业的内部管理和参与涉外公共事务、协调企业和政府关系等方面。目前北京文化创意产业融合的推动力基本上集中在政府和企业层面，对于促进文化创意产业结构升级社会力量参与较少，而对于社会参与的一种重要形式——产业协会在产业结构升级中的作用并没有得到发挥。

在中国，长期以来，一些行业协会尤其是文创行业协会并没有真正的实权，得不到业内和外界的重视。遇到重大事件时，往往只能起到“呼吁”“建议”等“和事佬”的作用，一直处于边缘化的地位。当然也有些行业协会或行业协会类组织因为相对强势的表现，获得了业内外一致认可。

例如，在去年著作权法草案刚出台时，中国音像协会唱片工作委员会和中国音乐家协会流行音乐学会就联合召开新闻发布会，代表行业从业者和企业发表行业声音，对草案多个条款提出异议，引发巨大反响，最终使得相关部门听取了行业意见，修改著作权法草案，维护了行业利益。①

文化创意产业协会的作用有以下几方面：一是文化产品开发技术。单个企业的研发团队力量小，投入经费大，产业协会出面整合各方力量，将取得事半功倍的效果。如富阳市造纸协会拟建立整个行业的技术研发中心，为造纸企业解决技术瓶颈。二是参与相关标准的制定，如文化产业融合企业的鉴定、文化产品标准的鉴定等，提高市场竞争的话语权。文化创意产业协会较了解该行业发展的相关标准，包括国际标准，也可以提出申请建立国家标准，从而为企业发展提供平台。三是推广技术。产业协会作为企业利益的代表，都希望企业在发展中使用新技术，获取更多的技术利润。

对北京文化创意产业协会方面进行考量，根据调查，目前正式注册并产生一定影响力的国家级文化创意产业协会是中国文化产业协会。中国文化产业协会成立于2013年6月29日，是经国务院批准、民政部登记、文化部主管的全国性社会团体，是文化产业领域的国家一级协会。协会现有会员单位120家，均为国内优秀的文化企事业单位，如中国清华大学国家文化产业研究中心、中国科技大学、对外文化集团、阿里巴巴、上海盛大网络、广州恒大集团、深圳腾讯、北大青鸟、乐视影业、

① 陈杰．行业协会应发挥更大作用［N］．北京商报，2013-1-25.

北京银行等，这些企业遍布演艺娱乐、电子商务、网络文化、动漫游戏、影视传媒、工艺美术、文化金融等文化领域，有着很强的影响力和引领示范作用。

就北京市而言，文化创意产业协会一般都是各区单独成立注册的，有海淀区创意产业协会、昌平区文化创意产业协会、朝阳区文化创意产业协会等。各文化创意产业协会一般包括创意产业园区，软件与信息服务、动漫游戏、新闻出版、影视音像产业、设计服务业、文化教育培训业、艺术、旅游和休闲娱乐业等文化创意产业领域内企业及相关高等院校及科研院所等。大多数文化创意产业协会相当于一个空架子，说话没力量，没有充分发挥应有的作用。

协会虽然不能代替行政执法部门直接干预行业市场，但也可以起到巨大作用，因此对文创行业协会给予更大的扶持十分必要。

首先，政府要重视行业协会。行业协会是由行业精英分子组成，关于行业内的大事他们最有发言权。产业发展有着自身规律，行业协会能够最有效地看到行业发展的每个细节。因此，政府要注重通过行业协会协调该行业内重大事件。其次，行业从业者也要打破“行业协会是摆设”的观念，学会通过协会发出自己的声音，多接触、多了解行业发展的规律和诉求。往往单个或几个从业者的声音容易被埋没，诉求也容易被忽视，但通过协会让成百上千的从业者聚集起来，这就是一股不可忽视的力。最后，要完善文创产业的行业协会组织，由于文创产业发展很快，新兴业态频出，在加强已有行业协会建设的同时，还要考虑尽快让从业者找到自己的“组织”，共同推动行业发展。

（二）利用文化创意产业联盟，搭建融合信息平台

文化创意产业联盟是指在文化创意产业领域出于确保合作各方的市场优势，寻求新的规模、标准、机能或定位，应对共同的竞争者或将业务推向新领域等目的，企业、高校、科研院所、行业团体间结成的互相协作和资源整合的一种合作模式。

目前全国性质的具有影响力的文化创意产业联盟为中国创意产业联盟（英文 China Creative Industry Alliance，缩写为 CCIA），该联盟是由国务院有关部门领导支持、全国政协有关委员会和国家多部门指导，全国知名创意机构发起成立的创意产业化协作发展联盟，促进中国创意产业向高文化和高技术化的融合发展，推动全国创意产业大发展和大繁荣，以最终实现创意强国目标而团结在一起的目前国内唯一的一个全国性创意产业合作联盟。联盟下设专家委员会、若干个区域委员会、行业委员会、创意产业研究院及基金理事会。

联盟的功能为各创意产业单位和个人提供政策指导、信息资讯，扶植、协调、促进创意产业发展；开展资质、技术、内容、人才、运营等多方面的合作，实现规模化发展，在合作中实现共赢；组织创意产业领域的各有关单位开展国内和国际的科技文化交流会、研讨会、博览会、培训等，积极倡导和推行创意产业化专项基金在成员单位中的有效应用，不断提高创意水平和产业化程度；接受政府职能部门委托，鉴定、开发、推广创意产业的新成果和新项目，促进科技成果产业化；对创意产业有突出贡献的联盟成员或团体实行表彰。

目前，北京市没有市一级的综合性的文化创意产业联盟，有分行业及分区域的文化创意产业联盟。分行业的联盟有首都剧院联盟、首都博物馆联盟、首都出版发行联盟、首都影院联盟、首都影视产业联盟。以上五个联盟均由政府主导，并在民政部门注册。联盟具有的服务功能如下：

一、政策与资金支持。五大联盟各成员单位在设施改造、公益惠民等方面充分享受北京市出台的各项支持政策及奖励资金。

二、宣传的支持。北京市定期在《北京日报》《北京晚报》等地方媒体上开辟专版，统筹发布演艺、展览、出版发行、电影放映等文化资讯。

三、资源调配的支持。五大联盟充分发挥中央和国家机关、军队、院校、地方所属文化企事业单位的作用，有效调度各类资源，全面提高各联盟的竞争力。

四、对研究评论的支持。五大联盟对各自成员单位项目的研究、评论和集中推广工作，最大限度地支持联盟成员单位全面发展。

五、为各类人才成长提供支持。五大联盟为各自成员单位人才的培养与引进、成长与交流提供良好的氛围和环境。

六、服务与管理的支持。切实履行属地监管职责，一手抓繁荣，一手抓管理，确保联盟成员单位良性可持续发展。①

另外，北京动漫游戏产业联盟也初见成效，该联盟是由北京行政区域内以漫画、动画、游戏为表现形式，包含动漫图书、动漫报刊、动画影视、网络游戏、单机游戏、手机动漫、手机游戏、音像制品、舞台剧、动漫教育和基于现代信息传播技术手段的动漫新品种等动漫直接产品的开发、生产、出版、播出、演出和销售，以及与动漫形象授权衍生产品的生产和经营的企事业单位自愿联合发起成立的行业性组织。

为了更好地发挥社会团体在文化创意产业融合过程中的作用，北京市应该进一步促进文化创意产业联盟的发展，鼓励各文化创意产业行业联盟的成立及综合性文化创意产业联盟的成立，重点突出联盟的以下作用：第一，准确高效地传播政府对文化创意产业的政策、法规以及提供的相关服务；第二，为文化企业提供信息化传播渠道展示自己，获取更多的商业机会，促进产业的规模化发展；第三，实现与文化创意产业相关的各类资源的整合，扩大创意产业在全社会的影响力，发挥其在内容创新和经济发展中的积极作用，提升北京地区文化创意产业的国际竞争力；第四，促进北京与国际文化创意产业的对接，推动文化与经济一体化发展。定期组织开展相关展览和国际文化交流活动，推动国际文化创意产业项目合作，促进国际经验、资源与人才的交流；第五，搭建北京地区文化创意产业的公共信息、技术服务平台，建立健全信息、投资、法律咨询等权威认证体系；第六，从事文化创意相关的人才培训服务，健全学科体系，构建人力资源开发及人才培训教育机制。

---

① 首都文化产业五大联盟成立. http：//www.mzyfz.com

三、企业层面

（一）产业渗透融合发展模式

1. 文化创意产业向其他产业渗透融合模式

企业任何业务形式的展开都需要以内容为基础，创意内容是文化创意企业运作的核心，可以渗透到许多产业部门。文化创意企业的发展离不开对创意内容的挖掘，创意内容的物化形式是文化创意产品，它通过与文化创意产业其他行业或本行业内其他部门的产品、技术、文化等相互交融形成新的业态。企业依托创意内容进行渗透融合发展是现在企业融合发展的重要模式之一。

以文化创意产业向旅游产业渗透融合为例，这两大产业的融合模式是在技术创新的推动下，通过渠道融合和内容融合来实现二者的相互渗透。旅游景区借助文化创意产业的传播渠道来传递其内容，如旅游广告、宣传片、网络宣传形式等；同时文化创意产业借助旅游景点自然或人文景观的地域空间作为文化创意产品展示的载体，这样通过两者的相互交融渗透，旅游景点借助文化创意产业的传播渠道而受到更广泛传播，也可与动漫、影视产业相结合使静态的旅游景点产品动态化；而文化创意产业则可借助著名旅游景点的知名度而取得更好的市场效果。

动漫产业向旅游产业渗透融合的趋势明显。例如，杭州天畅科技网络公司在其《大唐风云》游戏的开发过程中，将浙江丽水地区一个面积达 3 万亩山林的旅游景点虚拟化做成一个网络游戏景点，融入《大唐风云》的游戏中，成功地实现了网络游戏与旅游的融合。在这一案例中，旅游景点既可借助《大唐风云》的传播渠道而得以广泛传播，也可以将游戏中虚拟的世界予以真实的再现，增加旅游景点的吸引力，《大唐风云》游戏则会因为真实景点内容的注入而增加其真实体验性和趣味性，这样两家企业都在没有额外增加一分钱投入的情况下，仅通过产业融合化的发展模式就实现了企业间的联姻，创造出了巨额财富。

又如，旅游业、电信业、零售业等相关产业的企业主动向动漫产业挺进，借助于渠道网络优势推动自身与动漫产业的融合。这种融合的方式打破了原有动漫产业与相关产业的产业价值链，而重新融合成一条新的产业价值链。

杭州宋城集团旗下宋城景区就将其主体景区根据盛大网络《传奇世界》游戏内的中州皇城进行改造，真实再现了游戏中的铁匠铺、药店、杂货铺等场景，形成了国内旅游业与动漫业融合的发展模式。在当时的黄金周期间，就创造了 35 万人流和 1800 万元门票收入，更是带动了盛大网游产品及动漫游戏周边销售产品销售的多轮收益。在这个过程中，宋城集团为自己找到了一个开发旅游内容的很好文化载体，接近两亿的网络用户在极短时间内认识了宋城集团的旅游品牌，而盛大集团也为自己的产品找到了又一传播销售渠道。这种不同产业间相互渗透的方式也是一种“双赢”的模式。

再如，西安地区充分挖掘“唐”文化的内容创意，创作出系列“唐乐舞”演艺节目，成为西安地区旅游文化市场的“主打”产品，成为演艺产业与旅游产业完美融合的典范。演艺产品对旅游市场的渗透融合发展模式在旅游文化市场释放的产业效应，不仅激活了整个西安地区的文艺演出业，而且使西安地区文化旅游业和演出业共享了品牌效应，极大地促进了西安地区文艺演出业与文化旅游业的互动发展。

因此，北京文化创意产业应该充分挖掘北京的文化资源，利用好的文化创意对其他行业进行渗透，拓展文化创意产业的发展模式，通过对其他产业以及文化创意产业其他行业渗透来取得长足的发展。产业渗透融合发展模式最重要的依托就是内容产品的品牌。内容产品要想获得消费市场的认可，首先必须具备一定的品牌知名度。以著名的文化品牌为依托，全面整合各类资源，将北京文化艺术的优势资源与文博业、会展业、文化旅游业等产业相融合，使文化品牌成为文化产业融合发展的纽带和催化剂，以激活文化产业内的多个行业，打造多行业共享的知名品牌。现在很多文化企业都利用这种模式走出了成功之路。

2. 其他产业向文化创意产业渗透融合模式

第一产业、第二产业以及第三产业中的其他行业在产业结构升级的过程中，自然地向文化创意产业进行渗透，赋予文化创意产业以新的活力和内容。以文化创意产业园区为例，文化创意产业园区是文化创意产业产、学、研一体化的产业集聚区。作为文化创意产业的空间载体，文化创意产业园区的功能主要表现为文化创意产品的设计（研发）、制作、交易、衍生产品开发和人才培训等方面。通过旅游产业对文化创意产业的渗透融合，赋予文化创意产业园区（包括影视基地、动漫基地等文化创意产品生产基地）以旅游功能，通过两大产业功能的互补来实现两者的融合。

北京 798 文化创意园区就是旅游产业向文化创意产业渗透型融合模式的典型例子。“798”不仅是文化艺术品的生产基地，同时也是集美食、观光、旅游、学习于一体的复合体，具备科技性、文化性、知识性、趣味性、参与性、纪念性、教育性和差异性特点，形成独特的旅游吸引力，适应游客多方面的旅游需求。在这里，“798”旅游既具有文化创意产业的特点，又具有旅游的服务性、娱乐性的特点，两者互相融合，成为文化创意旅游者的新旅游地。

目前，北京具有 20 多个文化创意产业园区，但要更好地发挥聚集的效应，还应该进一步促进旅游产业对其渗透融合发展。由于文化创意产品具有展示性和大众参与性的特点，采用这种融合化发展模式，通过旅游景点功能的导入，可带来大量的游客，有利于前期人气的聚集和品牌效应的形成，能够有效地弥补文化创意产业短期盈利不足的缺陷，逐步实现核心产品的直接盈利，大大提升其进入市场的速度和力度，解决文化创意产业园区发展的瓶颈。

（二）产业延伸融合发展模式

文化创意产业可以通过产业延伸的方式来实现与其他产业的融合，将其产业价值链延伸到其他产业中去，凭借文化创意产品的强大吸引力对第一、第二产业或第三产业中其他行业的产品和服务进行提升，增强其他产业的核心竞争力。例如浙江横店集团，其业务广泛涉及一、二、三产业，走上了大产业的融合发展之路。

以动漫产业的产业延伸发展为例，成熟的动漫产业除了传统的音像、玩具、服饰、食品、饰品等传统周边产品之外，还在其优秀的内容资源上，利用新技术，拓展新产品、新市场。在当今的数字时代中，新闻出版业、广播电视行业、信息产业、家电制造业等传统行业的壁垒都在逐渐消除，使得众多关联产业共同整合在动漫产业之中，电信运营商、传统媒体、新兴媒体、终端制造商、服务提供商、广告商等纷纷被整合到动漫产业新的产业价值链中来获取更多的利润，优化动漫产业。

常见的动漫产业延伸路径是以动漫产业价值链中的某一内容为支点，向动漫产业内部不同的内容、渠道行业扩散，继而向零售业、电信业、旅游业等动漫产业以外的产业延伸来实现动漫产业的融合发展。

迪士尼集团大体实行的就是这样一种发展路径，凭借其无限的创造力创造出了以“米老鼠”为代表的一系列内容产品，以此为起点，沿着影视制作—主题公园—电视网络—消费品零售—出版—互联网业的产业融合之路不断迈进，构筑起了全球具有无与伦比的内容品牌优势的传媒娱乐帝国。

这种延伸已经不仅仅局限于动漫产业，可以立足动漫产业的内容，通过利用市场机会，找到新的经济增长点，同时也可以为动漫企业提供多方位的支撑点和价值增值点。这也体现了动漫产业其“内容为王”的根本性质。

北京市文化创意产业虽然在“十一五”期间获得了长足进步，已经成长为北京的战略支柱产业。但从北京产业战略格局整体而言，还处于发展成长阶段，仍是需要大力培植扶助的新兴产业。“十二五”时期，要强化引导，促进文化创意产业向其他产业延伸，实现产业文化化，从而提升传统产业的品格和质量。

首先，文创企业要与制造业、现代服务业和新农村建设融合，增加制造业和现代服务业产品的精神文化价值，发挥文化产业对第一、二、三产业的带动提升作用，提高中国制造的文化附加值，发掘传统产业中的文化因素，创造跨界性新生产业，比如观光农业、工业旅游等。特别是以创意设计为核心的文化创意产业将为传统产业升级增值，为制造业产品的外观造型、包装设计、形式构造、品牌咨询等提供艺术设计性的应用服务，由此增加产品的吸引力和竞争力。

其次，企业应建立专业化的文化创意设计机构，促进艺术设计在纺织、轻工、包装、服装等制造业中融入文化元素，鼓励扩大创意设计向家具、家电、家纺、家饰生产设计延伸，推动文化创意衍生品生产。以文化创意产业链向旅游产业延伸为例，通过建造出不同文化创意主题的主题公园，以专门从旅游效益中获得经济收益为主要经营方式，这是文化创意产业与旅游产业融合的最彻底表现。

再次，要构建复合型产业链，实现文化创意和品牌的多形态开发，延伸和拓展产业链条。我们要充分利用数字化、网络化等虚拟技术，对文化产品创意进行多重开发，推动同一文化产品多形态类型的系列化开发。同时，依托传统文化产业转型升级和文化生产、传播方式的变革，多平台、多渠道扩散延伸文化产业链，推动促进形成复合型、交叉性的文化产业类型。

最后，文化企业的集团化发展是文化产业内部延伸融合的路径之一，这种模式可以联合各路资本，使得生产、营销、衍生开发等环节集于一体，形成制作机构生产，营销机构销售，播映机构播放，工业企业开发衍生产品来获得利润的有效产业体系。组建集团化的大型企业，可以在企业内部形成完整的价值链，实行规模效应，创立自身的品牌效应。

（三）产业重组融合发展模式

这种融合发展模式主要是指文化企业的发展主要依托对文化产业内部各个业态的融合来进行，特别是随着文化产业与信息技术产业的融合发展，使得很多文化企业的不同业务可以在同一运作平台上开展，它们相互之间可以相互互补，通过协作发挥出更大的效应。可以说现在大部分文化企业的融合发展都是在利用产业内部的重组来进行融合发展模式。

例如：腾讯集团投资和收购的对象既有投资公司、游戏公司，也有垂直电商，更有手机刷机工具公司。在社区及开放平台方面，腾讯收购了康盛创想、DNSPod，投资了开心网、妈妈网。在网络游戏方面，腾讯收购了网游商深圳网域、游戏谷、美国游戏开发商 RiotGames，投资了 7 家韩国游戏开发商、QQ 炫舞开发商永航和新加坡 LevelUp 游戏公司。在移动和电信增值业务方面，2011 年 4 月，腾讯和日本移动社交游戏网络 GREE、日本第二大电信运营商 KDDI 及 DCM 成立 A-Fund 基金，意图在 2016 年前投资 20~30 家基于 Android 平台的移动互联网创业企业。在移动和电商方面，腾讯入股同程网，联合云峰基金，与 Groupon 共同组建高朋网，5 亿元人民币注资易讯，持股约 80%，收购杭州魔乐软件，5000 万元人民币投资乐蛙 OS，收购刷机精灵。通过并购、重组等方式进行产业链的垂直整合，腾讯集团已经发展成为文化创意产业的龙头企业。

这种融合模式下，要求企业注意组织内部结构的创新。因为融合不仅导致了企业结构的重大调整，也引发了企业组织内部的适应性调整，企业组织结构开始由纵向一体化逐渐向横向一体化、混合一体化、虚拟一体化转变。

传媒大亨默多克旗下的新闻集团，正是通过兼并收购，在 50 多年的时间将一个普通地方报业公司变成当今世界上规模最大、国际化程度最高的综合性传媒公司。北京市文化创意产业的现状是企业多而不强，分而据之。大部分文化企业都属于小微企业，只有大幅提高行业集中度，北京文化创意产业才能诞生世界级的综合传媒集团。通过兼并重组等外延手段合纵连横将成为北京文化创意产业做大做强的一大推手。近几年，北京文化企业迎来了发展的黄金期，也是文化产业跨行业、跨区域重组、并购整合的黄金期，企业兼并重组步伐加快，但仍面临审批多、融资难、负担重、服务体系不健全、体制机制不完善、跨地区跨所有制兼并重组困难等问题。

《国务院关于进一步优化企业兼并重组市场环境的意见》这一政策为文化创意产业企业的兼并重组、跨地区、跨行业融合提供了政策指导和支持。为了充分发挥文化创意企业在兼并重组中的主体作用，一是要加快推进审批制度改革，取消下放部分审批事项，简化审批程序，优化企业兼并重组相关审批流程，推行并联式审批，避免互为前置条件。二是进一步加强服务和管理，推进服务体系建设，建立统计监测制度，规范企业兼并重组行为。三是健全企业兼并重组的体制机制，完善市场体系建设，消除跨地区兼并重组障碍，放宽民营资本市场准入，深化国有企业改革。

因此，北京文化创意产业管理部门应在演艺娱乐业、动漫游戏业、网络业、影视业、出版发行业等领域，选择一批改革到位、成长性好的大型国有或国有控股集团公司，加大政策扶持力度，鼓励其以资本为纽带进行跨地区、跨行业、跨所有制兼并重组，推动条件成熟的文化企业上市融资，鼓励已上市公司通过并购重组做大做强，尽快成为文化产业的中坚力量，提高产业集中度。

小结

本研究基于文化创意产业融合发展的背景，对国内外文化创意产业融合的研究进行了梳理，找出文化创意产业融合发展的动因和方式。文化创意产业的融合是在技术创新、政府管制的放松以及企业的内在驱动等综合因素的推动下进行的，促使文化创意企业从技术融合、产品融合、市场融合和企业融合等方式进行融合发展。本研究的第二章和第三章基于前人的研究成果和理论进行总结，为后几章有针对性地对北京文化创意产业融合的研究奠定了理论基础。

根据对北京市文化创意企业的调研，第四章利用 PEST 模型从北京市文化创意产业融合的政策法律环境、经济信息环境、社会人文环境以及产业技术环境等几个方面进行考量，结果发现正是由于北京文化创意产业所处的宏观环境发生着一系列的变化，共同推进了北京文化创意产业的融合成长。北京市文化创意产业融合的类别丰富，既包括文化创意产业与第一、第二、第三产业其他行业的外部融合，也包括文化创意产业的内部融合。但是北京市文化创意产业融合也存在一系列的问题，如文化创意产业链融合发展不足、文化创意产业对相关产业的辐射带动效应有待提高以及对文化创意产业融合发展缺乏统一指导等问题。

本研究的第五部分是案例分析。选取影视产业和旅游产业的融合发展形成的影视旅游业作为文化创意产业的内部融合案例，选取旅游产业和农业的融合作为文化创意产业和其他产业外部融合的案例。详细分析了文化创意产业内部、外部融合的优势、效应以及问题等方面。

最后，根据对北京市文化创意产业的现状及案例分析，有针对性地提出北京市文化创意产业融合发展的对策。从政府层面、社会层面以及企业层面提出了切实可行的对策建议。

本研究在国家大力提倡促进文化产业与相关行业融合的政策背景下，对北京市文化创意产业的融合发展进行了详尽分析与探讨，可谓恰逢其时。然而，在对北京文化创意产业内部和外部融合的案例分析当中，相关实证分析不足，没有做到量化分析，这导致后文的对策分析缺少数据支持；另外，在对北京市促进文化创意产业融合发展的对策分析中，对政府层面的对策建议尚有过于笼统之处，还需要进一步具体化、细化。这些不尽之处希望在以后的学习和工作中能够进一步补充与完善，以期获得更多的研究成果。

参考文献

一、专著

[1] 周振华.信息化与产业融合［M］.上海：上海人民出版社，2003.

[2] 郑明高.产业经济发展的新趋势［M］.北京：中国经济出版社，2011.

[3] 马建.产业融合论［M］.南京：南京大学出版社，2006.

[4] 于刃刚，李玉红，麻卫华，于大海.产业融合论［M］.北京：人民出版社，2006.

[5] 胡永佳.产业融合的经济学分析［M］.北京：中国经济出版社，2008.

[6] 梁伟军.产业融合与现代农业发展［M］.武汉：华中科技大学出版社，2012.

[7] 胡金星.产业融合：创新机制与监管体制的双重效用研究［M］.长春：吉林大学出版社，2013.

[8] 郭万超.北京市文化创意产业竞争力提升研究［M］.北京：知识产权出版社，2013.9.

[9] 乔银娟.北京市西城区文化创意产业研究［M］.北京：中国经济出版社 2013.

[10] 张京成.北京文化创意产业发展报告［M］.北京：社会科学文献出版社，2013.

[11] 王国华.北京文化创意产业发展报告 2012［M］.北京：社会科学文献出版社，2012.

[12] 李继东.北京市文化产业融合及其规制研究［M］.北京：中国戏剧出版社，2013.

[13] 周旭霞.新型工业化进程中产业融合及其动力机制研究［M］.北京：国家行政学院出版社，2010.

[14] 李美云.服务业的产业融合与发展［M］.北京：经济科学出版社，2007.

[15] 赵西萍.旅游市场营销学——原理、方法、案例［M］.科学出版社，2011（1）.

[16] 世界旅游组织.旅游业可持续发展地方旅游规划指南［M］.北京：旅游教育出版社，1997.55.

[17] 熊澄宇.文化产业研究战略与对策［M］，北京：清华大学出版社，2006.

[18] 张磊.产业融合与互联网管制［M］.上海：上海财经大学出版社，2001.

[19]［澳］约翰·哈特利.创意产业读本［M］.北京：清华大学出版社.2007：147

[20] 厉无畏，王慧敏. 创意产业新论 [M]. 上海：东方出版中心，2008.
[21] 盛思梅. 信息技术与网络创意产业 [M]. 上海：东方出版中心，2009.
[22] [美] 约翰·霍金斯. 创意经济：如何点石成金 [M]. 洪庆福等，译. 上海：上海三联书店，2006.
[23] [美] 理查德·E. 凯夫斯. 创意产业经济学：艺术的商业之道 [M]. 孙排等，译. 北京：新华出版社，2004.
[24] [美] 劳伦斯·莱格斯. 免费文化——创意产业的未来 [M]. 北京：中信出版社，2010.10.
[25] 王俊豪. 产业经济学 [M]. 北京：高等教育出版社，2008.
[26] 向勇，喻文益. 区域经济文化产业研究 [M]. 海天出版社，2007.
[27] 杨建文. 产业经济学 [M]. 上海：上海社会科学出版社，2008.8.
[28] 毕娟. 北京文化与科技融合模式与路径 [M]. 北京：知识产权出版社，2013.3.
[29] 蒋三庚，王晓红. 文化创意产业研究 [M]. 北京：首都经济贸易大学出版社.2006.
[30] 周武忠. 旅游学概论 [M]. 北京：化工工业出版社，2009.

二、期刊

[31] 于刃刚. 三次产业分类与产业融合趋势 [J]. 世界经济与政治.1997.1：42–43.
[32] 厉无畏. 产业融合与产业创新 [J]. 上海管理科学.2002.4：4–6.
[33] 吴少平. 产业创新升级与产业融合发展之路径 [J]. 首都经济贸易大学学报.2002.2：12–16.
[34] 胡汉辉，邢华. 产业融合理论以及对我国发展信息产业的启示 [J]. 中国工业经济.2013.2：23–28.
[35] 陈力丹，付玉辉. 电信业和传媒业的产业融合 [J]. 现代传播.2006.3：28–31.
[36] 麻学锋，张世兵，龙茂兴. 旅游产业融合路径分析 [J]. 经济地理，2010.4：678–681.
[37] 杨永超. 产业融合对文化创意产业发展模式的影响 [J].《中共山西省直机关党校学报》.2012.5：55–57.
[38] 陆晓清. 论网络游戏业与旅游业的产业融合 [J]. 重庆邮电大学学报.2009.1：42–45.
[39] 朱维洁. 试论文化产业融合的动因 [J]. 河南师范大学学报（哲学社会科学版）.2009.5：203–204.
[40] 肖叶飞，刘祥平. 传媒产业融合的动因、路径与效应 [J]. 现代传播.2014.1：68–72.
[41] 沙吉. 基于开放式创新视角的文化产业融合研究 [J]. 市场周刊（理论研

究).2013.11：82–85.

[42] 康嘉，杨彩云，胡琴. 工业遗产与文化创意产业融合模式探讨 [J].2012.5：102–107.

[43] 黄丽萍，王余强. 景德镇旅游产业与文化创意产业融合模式探究 [J]. 价格月刊.2013.8：87–90.

[44] 董桂玲. 动漫业和旅游业产业融合的动力机制研究 [J]. 经济研究导刊.2009.32：40–41.

[45] 孔建华. 文化经济的融合发展与政府策略——北京文化创意产业发展述评(2006—2007 年) [J]. 艺术与投资.2008.1：60–67.

[46] 朱启酒，钱静. 都市农业生态旅游文化创意产业融合路径选择 [J]. 安徽农业科学.2013.1：167–169.

[47] 罗清，王琦，马欣. 北京市通州区旅游产业与文化创意产业的融合 [J]. 东方企业文化，2013.19：263–264.

[48] 张祖群. 基于文化与科技融合的北京文化产业路径研究 [J]. 北京理工大学学报.2013.8：149–153.

[49] 包鹏程. 产业融合：出版业面临的挑战与机遇 [J]. 出版发行研究.2009.7：8–11.

[50] 张海燕，王忠云. 旅游产业与文化产业融合发展研究 [J]. 资源开发与市场，2010，26(4)：322–326.

[51] 杨颖. 旅游业与创意产业的融合——基于产业比较视角的研究. 南京人口管理干部学院学报 [J].2009.1：67–70.

[52] 杨娇. 旅游产业与文化创意产业融合的研究 [J]. 全国商情.2008.10：101–103.

[53] 张功让，陈敏姝. 产业融合理论研究综述 [J]. 中国城市经济.2011.1：67–68.

[54] 明忠庆，张瑞才. 推动文化产业与旅游产业融合提升 [N].《人民日报》. 2009–8–14.

[55] 杨静. 打造首都文化产业融合先锋 [J]. 前线.2013.10：67–72.

[56] 张祖群. 基于文化与科技融合的北京文化产业路径研究 [J]. 北京理工大学学报.2013.8：149–153.

[57] 沙吉. 基于开放式创新视角的文化产业融合研究 [J]. 市场周刊(理论研究).2013.11：82–84.

[58] 孔建华. 北京文化创意产业集聚区发展研究 [J]. 中国特色社会主义研究.2008.2.

[59] 赵弘，唐勇，刘牧雨，赵燕霞. 北京文化创意产业集聚区建设研究 [J]. 北京市经济管理干部学院学报.2008.1：42–46.

[60] 陈洁民，尹秀艳. 北京文化创意产业发展现状分析 [J]. 北京城市学院学报.2009.4：9–17.

[61] 植草益(日). 信息通讯业的产业融合 [J]. 中国工业经济，2001(2)：24–27.

[62] 肖岚. 创意产业融合成长的动力机制及其自组织创新模式研究 [D]. 东华大学，

2011.
[63] 施永红. 产业融合理论视角下长三角文化产业发展研究 [D]. 上海师范大学, 2010.
[64] 张华. 产业融合：制造业转型升级的重要途径 [J].《求是》，2010 (8).
[65] 李道新. 电影旅游：产业融合的文化诉求 [C],《中国电影新百年：合作与发展》，中国电影出版社，2006 (5).
[66] 刘滨谊，刘琴. 中国影视旅游发展的现状及趋势 [J]. 旅游学刊，2004，19 (6)：77-81.
[67] 王玉玲，冯学钢，王晓. 论影视资源及其"资源 - 产品"转化 [J]. 华东经济管理，2006，20 (7)：23-26.
[68] 孟华. 无锡影视城的启示 [J]. 泰州师专学报，1998，(6)：72-73.
[69] 蔡道华. 苏锡人造景观的再造与苏锡旅游发展战略 [J]. 金陵职业大学学报，1998，(12)：24-29.
[70] 郭文，黄震方，王丽. 影视旅游研究：一个应有的深度学术关照 [J]. 旅游学刊，2010，(10)：86-87.
[71] 张立芳. 云南影视旅游的发展研究 [D].2012：7-8.
[72] 刘德谦. 关于乡村旅游、农业旅游与民俗旅游的几点辨析 [J]. 旅游学刊，2006 (3).
[73] 应瑞瑶，褚保金. "旅游农业"及其相关概念辨析 [J]. 社会科学家，2002 (9).
[74] 吴春霞，刘瑞涵，何忠伟. 北京沟域经济背景下山区生态旅游市场开发研究 [J]. 中国农学通报，2010，26 (14)：400-404.
[75] 刁志波. 北京市民的乡村旅游行为特征分析与解释 [J]. 黑龙江对外经贸，2010 (3).
[76] 钱静，朱启酒. 北京都市农业生态旅游文化创意产业融合的路径选择 [J]. 农业技术装备，2013 (1).
[77] 周丽，郑善龙. 休闲度假旅游与新农村建设新思考 [J]. 全国商情，2011 (9).
[78] 齐双，付华. 北京郊区休闲度假旅游市场现状调查研究 [J]. 首都师范大学学报 (自然科学版)，2013 (4).
[79] 李胜. 北京蟹岛都市循环农业模式分析 [J]. 中国农村经济，2008 (12).
[80] 王爱玲. 再论北京农业的功能——大力培育服务功能和文化功能 [J]. 河北农业科学，2011，15 (7)：60-64，76.
[81] 齐鑫，朱艳楠，郑丽. 北京郊区"农家乐"旅游发展现状调查及研究 [J]，旅游纵览，2013 (8)
[82] 石进朝，朱启酒，钱静. 都市农业、生态旅游、文化创意产业融合之价值研究 [J]. 北京农业职业学院学报，2013 (1).

[83] 张佰瑞. 产业融合与北京旅游业的发展 [J]. 城市问题，2009 (9).

[84] 王月兴等. 改善北京文化创意产业的发展政策 [J]. 投资北京，2006 (11)：102.

[85] 赵瑾璐、潘志恒. 浅析北京文化创意产业的发展 [J]. 中国特色社会主义研究，2007 (2)：83.

[86] 赵弘、唐勇. 北京文化创意产业集聚区建设研究 [J]. 北京市经济管理干部学院学报，2008 (3) 13–14.

[87] 尹晴碧. 北京文化创意产业的发展状况及策略 [J]. 企业科技与发展，2008 (8)：157.

[88] 王亚川. 文化产业的若干趋势分析 [J]. 经济前沿，2006 (9).

[89] 陈柳钦. 产业融合的发展动因、演进方式及其效应分析 [J]. 西北大学学报，2007，26 (4)：69–74.

[90] 杨颖. 产业融合：旅游业发展趋势的新视角 [J]. 旅游科学，2008，22 (4).

[91] 张建. 都市创意产业与旅游产业融合发展的态势及其整合对策研究 [J]. 旅游论坛，2009，2 (1)：76–80.

[92] 杨娇. 旅游产业与文化创意产业融合的研究 [J]. 经济理论研究，2008 (11)：101–103.

三、外文文献

[93] Florida Richard. The Rise of the Creative Class [M]. Basic Books, 2005.

[94] Mueller M &Tan, Z. China in the Information Age: telecommunications and the Dilemmas of Reform [M]. Westport: Praeger, 1997.

[95] European Commission. Green Paper on the Convergence of theTelecommunications, Media, and Information Technology Sectors, and the Implications for Regulation [R]. Http: //www. ispo. cec. be, 1997.

[96] Yoffie DB. Competing in the Age of Digital Convergence [C]. Boston, 1997: 1–35.

[97] Stieglitz Nils. Industry Dynamics and Types of Market Convergence [R]. Copenhagen, 2002 (6).

[98] Lind J. "Ubiquitous convergence: market redefinitions gener–ated by technological change and the Industry Life Cycle" [C], Paper for the DRUID Academy Winter 2005 Conference, 2005.

[99] United Nations Committee on Trade, Aid and Development [C]. Creative Economy Report 2008, Geneva: UNCTAD.

[100] Stromquist, N. Education in a Globalized World: the Connectivity of Power, Technology and Knowledge [M].Rowman & Littlefield, New York, NY, 2002.

[101] Prensky, M. Digital natives, digital immigrants [J]. On the Horizon, 2001. Vol.9

No.5：1-2.

[102] Twenge，J.M. Generation Me：Why Today's Young Americans Are More Confident，Assertive，Entitled—and More Miserable than Ever Before [M]，Free Press，New York，NY，2007.

[103] Paul Jeffcutt，Andy C. Pratt. Managing Creativity in the Cultural Industries [J]. Creativity and Innovation Management，2002（12），Vol.11，Iss.4：225-233.

[104] Gwendolyn K.Lee.The Significance of Network Resources in the Race to Enter Emerging Product Markets：The Convergence of Telephonecommunications and Computer Networking，1989-2001 [J]，Strategic Management Journal Strat. Mgmt.J.，28，2007：17-37.

[105] Henry Chesbrough.Business Model Innovation：Opportunities and Barriers [J]. Long Range Planning 43 2010：354-363.

[106] Anne Creigh-Tyte.Measuring creativity：A case study in the UK's Designer Fashion sector [J].Cultural Trends，2005（6）.

[107] Audrey Yue. Cultural governance and creative industries in Singapore [J]. International Journal of Cultural Policy，2006（3）.

[108] Calvin Taylor.Beyond advocacy：Developing an evidence base for regional creative industry strategies [J]. Cultural Trends，2006（3）.

[109] Cara Aitchison，Tom Evans. The cultural industries and a model of sustainable regeneration：manufacturing "pop" in the Rhondda valleys of south Wales [J]. Managing Leisure，2003（7）.

[110] Howkins，J. The Creative Eeonomy：How people make Money from ideas [M]. America：Allen Lane，The Penguin Press，2001.22-23.

四、网站资源

[111] 百度百科 [OL].http：//baike.baidu.com/link?url.

[112] 乐平御瓜园变身博物馆 [OL].http：//news.163.com/09/0623/07/GR.html.

[113] 联合国教科文组织网站 [OL].http：//www.Unesco.org / culture / industries

[114] 中华人民共和国科技部网站 [OL]. http：//www.most.gov.cn/

[115] 中华人民共和国文化部网站 [OL]. http：//www.ccnt.gov.cn/

[116] 北京文化热线 [OL]. http：//www.bjwh.gov.cn/